Segunda Guerra Mundial

500 datos interesantes sobre grandes acontecimientos, batallas y personajes

© Copyright 2024

Todos los derechos reservados. Ninguna parte de este libro puede ser reproducida de ninguna forma sin el permiso escrito del autor. Los revisores pueden citar breves pasajes en las reseñas.

Descargo de responsabilidad: Ninguna parte de esta publicación puede ser reproducida o transmitida de ninguna forma o por ningún medio, mecánico o electrónico, incluyendo fotocopias o grabaciones, o por ningún sistema de almacenamiento y recuperación de información, o transmitida por correo electrónico sin permiso escrito del editor.

Si bien se ha hecho todo lo posible por verificar la información proporcionada en esta publicación, ni el autor ni el editor asumen responsabilidad alguna por los errores, omisiones o interpretaciones contrarias al tema aquí tratado.

Este libro es solo para fines de entretenimiento. Las opiniones expresadas son únicamente las del autor y no deben tomarse como instrucciones u órdenes de expertos. El lector es responsable de sus propias acciones.

La adhesión a todas las leyes y regulaciones aplicables, incluyendo las leyes internacionales, federales, estatales y locales que rigen la concesión de licencias profesionales, las prácticas comerciales, la publicidad y todos los demás aspectos de la realización de negocios en los EE. UU., Canadá, Reino Unido o cualquier otra jurisdicción es responsabilidad exclusiva del comprador o del lector.

Ni el autor ni el editor asumen responsabilidad alguna en nombre del comprador o lector de estos materiales. Cualquier desaire percibido de cualquier individuo u organización es puramente involuntario.

Índice

Introducción 4

Invasión de Polonia (1 de septiembre, 1939) 5

El estallido de la Segunda Guerra Mundial (1 de septiembre, 1939) 8

Alemania invade Escandinavia (1940) 11

Batalla de Inglaterra (10 de julio, 1940-31 de octubre, 1940) 14

Ataque a Pearl Harbor (7 de diciembre, 1941) 17

La batalla de Midway (4 de junio -7 de junio, 1942 20

Batalla de Stalingrado (23 de agosto, 1942 - 2 de febrero, 1943) 22

Norte de África e Italia (1940-1944) 24

Día D (6 de junio, 1944) 27

Batalla de las Ardenas (16 de diciembre, 1944 - 25 de enero, 1945) 30

Batalla de Berlín (16 de abril - 2 de mayo, 1945) 32

Día V-E (8 de mayo, 1945) 34

La Conferencia de Potsdam (17 de julio - 2 de agosto, 1945) 36

El Teatro del Pacífico (diciembre de 1941-septiembre de 1945) 38

Los bombardeos atómicos de Hiroshima y Nagasaki 41

El Holocausto 43

Campos de concentración para japoneses en los Estados Unidos 45

Segunda Guerra Mundial Armas y tecnologías 48

Las mujeres en la Segunda Guerra Mundial 50

Movimientos de resistencia de la Segunda Guerra Mundial 52

El legado de la Segunda Guerra Mundial 54

Formación de las Naciones Unidas (1 de enero, 1942) 56

Reconstrucción tras la Segunda Guerra Mundial 58

Winston Churchill (1874-1965) 60

Iósif Stalin (1878-1953) 62

Franklin D. Roosevelt (1882-1945) 64

Benito Mussolini (1883-1945) 66

Adolf Hitler (1889-1945) 68

Hirohito (1901-1989) 70

Conclusión 72

Fuentes y referencias adicionales 73

Introducción

Desde **la invasión de Polonia en septiembre de 1939** hasta **los bombardeos atómicos de Hiroshima y Nagasaki en agosto de 1945,** la Segunda Guerra Mundial fue uno de los acontecimientos más significativos de la historia de la humanidad. En este libro exploraremos cómo cambió nuestro mundo para siempre.

Descubra las historias de figuras históricas como **Adolf Hitler, Franklin D. Roosevelt y Winston Churchill,** todos los cuales desempeñaron un papel al frente de sus países durante la **Segunda Guerra Mundial**. Además, descubra acontecimientos que no reciben la atención que merecen, como los campos de concentración para japoneses en los Estados Unidos y los esfuerzos de resistencia que han caído en el olvido con el paso del tiempo.

Conocerá en profundidad batallas críticas como la **Operación Overlord** y **la batalla de Berlín**. Explore las estrategias empleadas por cada bando y su impacto duradero en los implicados.

Tampoco olvidamos a los que se vieron afectados. Este libro habla de las mujeres, cuyo papel cambió radicalmente debido a la falta de hombres en la mano de obra, y de los supervivientes de los campos de concentración **nazis** y **del Holocausto.**

Por último, examinaremos cómo se produjo la reconstrucción de posguerra mediante **la declaración de las Naciones Unidas en 1942** y su primera reunión en 1946, así como la Conferencia de Potsdam en 1945.

Así pues, acompáñenos en un viaje en el que **exploraremos** a los grandes líderes de la **Segunda Guerra Mundial** y a aquellos cuyas historias permanecen olvidadas, pero son igualmente importantes.

Invasión de Polonia
(1 de septiembre, 1939)

En 1939, Alemania invadió Polonia y desencadenó el inicio de la Segunda Guerra Mundial en Europa. Este capítulo explorará veinte hechos sobre esta invasión, que cambió para siempre el curso de la historia. Descubriremos cómo **las fuerzas nazis utilizaron tanques, aviones y artillería para atacar las ciudades polacas** y cómo la **Unión Soviética** atacó dos semanas después. También conoceremos los campos de concentración que crearon los alemanes y otras atrocidades cometidas durante este periodo, incluidos los bombardeos que destruyeron ciudades enteras casi de la noche a la mañana.

1. **El 1 de septiembre de 1939, Alemania invadió Polonia e inició la Segunda Guerra Mundial en Europa.**
2. **Gran Bretaña y Francia declararon la guerra a Alemania** y Rusia después de que invadieran Polonia sin previo aviso.
3. A finales de septiembre de 1940, **Alemania, Italia y Japón se aliaron** para formar las potencias del Eje.
4. Antes de invadir Polonia, **Hitler firmó un pacto de no agresión con Stalin** que permitía a ambos países invadir otros territorios sin temor a ser atacados por el otro. Fue conocido como el **Pacto germano-soviético** o el **Pacto Ribbentrop-Mólotov.**
5. **Los nazis utilizaron una nueva táctica llamada blitzkrieg o "guerra relámpago"** para atacar desde el este. La Unión Soviética atacó desde el este dos semanas después, el 17 de septiembre.

6. **El ejército polaco estaba equipado con armas y equipos anticuados,** lo que le dificultaba competir contra las fuerzas alemanas, más modernas.

7. Sólo las fuerzas alemanas infligieron casi un millón de bajas a las fuerzas armadas polacas. **Muchos polacos fueron hechos prisioneros durante esta invasión.**
8. Muchas ciudades, incluida **Varsovia, se enfrentaron a intensos bombardeos** que destruyeron la mayoría de los edificios y dejaron a miles de personas sin hogar durante la noche.

9. Como parte de su estrategia contra Polonia, **los alemanes crearon varios campos de concentración** donde encarcelaron a **judíos y polacos** que se oponían al dominio alemán sobre el país. **Auschwitz,** situado en el sur de Polonia, es uno de esos campos.

10. **Durante la invasión,** muchos **judíos que vivían en Polonia fueron reunidos en guetos,** que eran zonas superpobladas de las ciudades. Sufrieron malos tratos, enfermedades, hambre y desesperación. Los guetos eran puntos de recogida para que los nazis enviaran a la gente a los campos de exterminio.

11. **Las fuerzas alemanas se apoderaron de la mayor parte de Polonia en octubre de 1939.** Esto se conoce como la **"ocupación nazi-soviética".**

12. **Alemania se anexionó la mayor parte de Polonia y la convirtió en parte de su imperio.** También crearon un nuevo Estado llamado **Gobierno General,** dirigido por Hans Frank, un poderoso funcionario nazi.

13. **El gobierno y los militares polacos** huyeron del país, estableciendo gobiernos de oposición en el exilio en el Reino Unido y la URSS.

14. **La invasión provocó que miles de personas huyeran de sus hogares.** Muchos se fueron a países vecinos, mientras que otros se unieron a grupos de resistencia que luchaban contra la ocupación alemana y rusa.

15. **Los combatientes de la resistencia** continuaron resistiendo al dominio nazi incluso después de que Alemania tomara el control. Organizaciones clandestinas como **Armia Krajowa** (Ejército del Interior) apoyaron la guerra de guerrillas y las operaciones de sabotaje contra los ocupantes.

16. **Durante la Segunda Guerra Mundial** se produjeron múltiples levantamientos contra los ocupantes nazis. **El levantamiento del gueto de Varsovia en 1943** fue llevado a cabo por judíos polacos que se negaban a ir a los campos. En 1944, los polacos de Varsovia volvieron a sublevarse contra el dominio alemán.

17. Tras la invasión, **se redibujaron las fronteras de Polonia** y se establecieron otras nuevas entre Alemania y la URSS. Los soviéticos procedieron a dominar Polonia durante más de cuarenta años.

18. Polonia ya había estado dividida antes entre alemanes y rusos, desde 1772 y de diversas formas desde el siglo XVIII hasta después de la Primera Guerra Mundial.

19. Como parte del **pacto nazi-soviético,** algunos territorios polacos fueron transferidos a Lituania, que también quedó bajo dominio soviético.

20. El 11 de noviembre, los polacos conmemoran cada año a los caídos celebrando una fiesta nacional llamada **Día de la Independencia Nacional.**

El estallido de la Segunda Guerra Mundial
(1 de septiembre, 1939)

Examine **cómo se declaró la Segunda Guerra Mundial en Europa** y quiénes participaron en el inicio de la guerra. Aprenderemos cómo se formaron **las alianzas entre Gran Bretaña y Francia** contra las **potencias del Eje.** Descubramos veinte hechos interesantes sobre el estallido de esta guerra mundial.

21. **La Segunda Guerra Mundial** fue una guerra entre dos grupos de países, **los Aliados** (liderados inicialmente por Gran Bretaña y Francia) y las **potencias del Eje** (lideradas por Alemania).

22. **El inicio de la Segunda Guerra Mundial suele considerarse el 1 de septiembre de 1939, cuando Alemania invadió Polonia.**

23. **Fue la guerra más destructiva de la historia,** con unos setenta millones de muertos y heridos en todo el mundo.

24. **Adolf Hitler fue el líder de la Alemania nazi durante la Segunda Guerra Mundial.** Quería crear un **imperio alemán,** lo que provocó conflictos con otras naciones como Gran Bretaña y Francia.

25. **Hitler logró la unificación de Austria** en marzo de 1938 con gran éxito en Alemania y Austria.

26. Tras una serie de conversaciones de paz en septiembre de 1938 en Múnich, en las que se **cedieron** partes de **Checoslovaquia a Hitler,** éste se adentró en el resto del país en marzo de 1939.

27. **La Unión Soviética firmó un pacto de no agresión con la Alemania nazi en agosto de 1939,** en el que ambas potencias acordaban abstenerse de atacarse mutuamente.

28. **El 3 de septiembre, Gran Bretaña y Francia declararon la guerra a Alemania** después de que Hitler se negara a retirarse de Polonia en el plazo de dos días. La Segunda Guerra Mundial había comenzado oficialmente.

29. En cuanto **los alemanes invadieron Polonia,** empezaron a aplicar las políticas antisemitas que acabarían desembocando en **el Holocausto.**

30. **Se calcula que el coste total de la Segunda Guerra Mundial rondó el billón de dólares (11 billones en la actualidad),** lo que la convierte en la guerra más cara jamás librada. La mayor parte de ese dinero fue gastado o prestado por Estados Unidos a sus aliados de todo el mundo.

31. Durante la guerra se produjeron numerosos avances tecnológicos, como **los motores a reacción, los sistemas de radar, los cohetes/misiles y la bomba atómica.**

32. **En la Segunda Guerra Mundial** también se formaron movimientos de resistencia civil a gran escala para luchar contra la opresión nazi.

33. **El Holocausto** fue la matanza masiva de judíos que tuvo lugar durante la Segunda Guerra Mundial. **Las autoridades nazis asesinaron sistemáticamente a seis millones de judíos y a millones de otras minorías,** como gitanos, homosexuales, discapacitados, disidentes políticos y prisioneros soviéticos, entre otros.

34. **Decenas de millones de personas en Europa fueron desplazadas** o forzadas al exilio durante la Segunda Guerra Mundial.

35. **La Segunda Guerra Mundial** provocó grandes cambios en la vida cotidiana de la gente, como el racionamiento de alimentos y gas y el aumento de los niveles de producción de material militar.

36. **Tres países europeos permanecieron neutrales durante la guerra: España, Suecia y Suiza.** España mantenía estrechas relaciones con Hitler, pero se negó a hacer algo más que enviar algunas tropas a luchar. Suiza se mantuvo sólidamente neutral. A pesar de comerciar con recursos naturales con Hitler, Suecia se inclinó hacia los Aliados.

37. **Dos de los aliados de Hitler eran Hungría y Rumanía,** a ninguno de los cuales les gustaba el otro.

38. Antes de **la invasión alemana de la URSS, el primer ministro británico Churchill** y otros pensaban que era posible que el Reino Unido tuviera que luchar contra Alemania y la Unión Soviética.

39. **Los espías polacos fueron los responsables de enviar a Inglaterra una máquina codificadora de alto secreto capturada, la Enigma,** antes de que Polonia fuera derrotada. Esto ayudó a los británicos a descifrar muchos códigos alemanes durante la guerra.

40. **Algunos polacos huyeron hacia el este, a la Unión Soviética.** Otros huyeron hacia el sur y luego escaparon a Francia e Inglaterra. Las fuerzas polacas bajo control soviético lucharon con el **Ejército Rojo,** y las fuerzas polacas bajo mando aliado lucharon con los británicos y los estadounidenses.

Alemania invade Escandinavia
(1940)

Este capítulo explorará la historia de la **invasión alemana de Escandinavia durante la Segunda Guerra Mundial**. Echaremos un vistazo a veinte hechos fascinantes sobre la **ocupación nazi** y cómo afectó a Dinamarca, Noruega y Suecia, tanto en términos de destrucción física como de agitación social.

También descubriremos el legado que dejaron las **fuerzas alemanas** cuando finalmente se retiraron de cada país tras su rendición en 1945, incluyendo monumentos a los soldados caídos o monumentos conmemorativos de batallas clave entre las fuerzas aliadas contra las tropas nazis en toda **Escandinavia**.

41. **Hitler quería invadir Dinamarca para cubrir el flanco norte de Alemania.** Deseaba Noruega por sus puertos, su larga costa y sus riquezas minerales.

42. En aquella época, **Noruega** contaba con una de las mayores flotas mercantes de Europa, lo que suponía una importante fuente de ingresos para sus ciudadanos. Los alemanes se apoderaron de estos barcos.

43. **Dinamarca y Noruega fueron invadidas el 9 de abril de 1940.**

44. **Adolf Hitler sabía que podría controlar la fuerte pero neutral Suecia** si conquistaba Dinamarca y Noruega. Suecia era rica en riquezas minerales.

45. **El gobierno danés decidió no oponer resistencia** a los alemanes invasores tras recibir un ultimátum exigiendo su rendición el 9 de abril de 1940. Dinamarca, cuyo ejército era pequeño, sabía que podía vencer a los alemanes.

46. **El 9 de abril de 1940, las tropas alemanas comenzaron a invadir Noruega** por aire y mar simultáneamente con desembarcos en ciudades y puertos noruegos, incluyendo Oslo, Bergen, Trondheim y Narvik.

47. **El 10 de abril, el primer ministro noruego Johan Nygaardsvold declaró que Noruega se defendería de la invasión alemana.** Su gobierno fue capaz de movilizar un gran número de tropas en sólo dos días.

48. **Una fuerza franco-británica se trasladó a Noruega el 14 de abril** para ayudar a repeler a los alemanes, pero finalmente no tuvieron éxito debido al tamaño y la fuerza de las fuerzas alemanas.

49. **Finalmente, los noruegos tuvieron que rendirse el 10 de junio** tras luchar valientemente.

50. **Los movimientos de resistencia comenzaron en Dinamarca y Noruega** poco después de la victoria nazi.

51. **Las fuerzas invasoras alemanas** se hicieron con el control de todos los puertos y ciudades importantes de Dinamarca y Noruega. También tomaron lugares estratégicos clave, como aeródromos, que utilizaron para lanzar ataques contra Gran Bretaña.

52. **Los países escandinavos** experimentaron una agitación social y política durante su ocupación por las fuerzas nazis. Intentaron mantener su cultura al tiempo que se veían obligados a acatar las políticas alemanas que restringían sus libertades.

53. **Suecia se mantuvo neutral durante la guerra,** pero se vio obligada a hacer concesiones a Alemania para seguir siéndolo. Suecia proporcionó a Alemania mineral de hierro, acero y otros recursos necesarios para el esfuerzo bélico.

54. **Noruega y Dinamarca estuvieron ocupadas por los nazis hasta que terminó la guerra en Europa en mayo de 1945.**

55. Tras la Segunda Guerra Mundial, **los países escandinavos formaron el Consejo Nórdico** para promover la cooperación a través de iniciativas económicas y militares.

56. **Las fronteras de Dinamarca y Noruega siguieron siendo las mismas al final de la guerra.**

57. Tanto **Dinamarca como Noruega ingresaron en la OTAN** en los años posteriores a la Segunda Guerra Mundial. La **OTAN** es una organización de defensa colectiva diseñada para proteger a sus miembros de la agresión, una lección aprendida de la Segunda Guerra Mundial.

58. Algunos elementos de **la invasión alemana original siguen siendo visibles incluso hoy en día,** como los monumentos conmemorativos a los soldados caídos o los monumentos en honor a los combatientes de la resistencia y a las víctimas de la ocupación alemana.

59. Como parte de los esfuerzos de reconstrucción, se crearon varias organizaciones internacionales para proporcionar ayuda, entre ellas **Administración de las Naciones Unidas para el Auxilio y la Rehabilitación** (UNRRA) y su sucesora, la **Organización Internacional para los Refugiados** (IRO).

60. Hoy en día, **Alemania, Dinamarca y Noruega son estrechos aliados políticos y militares.**

Batalla de Inglaterra
(10 de julio, 1940-31 de octubre, 1940)

En este capítulo exploraremos **la increíble batalla de Inglaterra,** que tuvo lugar en 1940 después de que Hitler hubiera tomado Escandinavia, Francia, Holanda y Bélgica. Echaremos un vistazo a veinte hechos fascinantes sobre esta batalla, incluyendo cómo la libraron principalmente **las fuerzas aéreas aliadas y del Eje. Descubra los aviones utilizados por ambos bandos** y los heroicos pilotos que volaron durante este intenso conflicto. Esta batalla también introdujo **nuevas tecnologías como los sistemas de radar y** las técnicas de interferencia **de radio** para interrumpir las comunicaciones enemigas. Además, descubriremos por qué **Winston Churchill** se refirió a ella en su famoso discurso sobre "Los Pocos" y cómo las mujeres desempeñaron un papel importante para ayudar a asegurar **la victoria de Gran Bretaña.**

61. **La batalla de Inglaterra** tuvo lugar desde principios del verano hasta finales del otoño de 1940.

62. Se libró entre **la Luftwaffe** (fuerza aérea) **alemana** y la **Royal Air Force** (RAF) **británica.**

63. Esta batalla marcó la primera vez que **una nación entera se defendió contra una invasión utilizando aviones de combate.** No se utilizaron tropas terrestres en el combate, aunque la Marina Real Británica desempeñó un papel.

64. **La batalla de Inglaterra** fue una de las primeras grandes batallas que se libraron casi exclusivamente en el aire. Cambió para siempre la forma de librar las guerras.

65. El objetivo de los alemanes era hacerse con el control del espacio aéreo británico para poder lanzar una invasión contra Gran Bretaña denominada **Operación León Marino.**

66. **El 13 de agosto, o Adlertag ("Día del Águila"),** Alemania envió varios centenares de aviones en bombardeos contra Inglaterra.

67. Aproximadamente **tres mil pilotos aliados participaron** en la defensa de Gran Bretaña durante esta batalla, de los cuales más de dos tercios eran ciudadanos británicos.

68. Las mujeres desempeñaron un papel importante durante esta batalla. Por ejemplo, más de mil mujeres pilotos llamadas ATA o **"Air Transport Auxiliary"** transportaron aviones entre aeródromos. Muchas otras mujeres ocuparon otros puestos militares como operadoras de radar, ayudando a proporcionar información esencial sobre las incursiones alemanas entrantes. Estas mujeres fueron llamadas "WAAF" por **"Women's Auxiliary Air Force"** (La Fuerza Aérea Auxiliar Femenina).

69. **Durante la batalla se utilizaron nuevas tecnologías,** como el radar y sistemas de radio mejorados que permitieron a las tripulaciones de la RAF ser más eficaces en el seguimiento de los aviones enemigos.

70. **La Royal Air Force** también utilizó nuevas tácticas, que aún se estudian hoy en día.

71. Los aviones de combate, como **el Hawker Hurricane y el Supermarine Spitfire**, fueron pilotados por pilotos británicos que se convirtieron en héroes nacionales por su valentía en la batalla.

72. Aunque más de **mil aviones alemanes fueron destruidos durante el conflicto,** consiguieron destruir miles de aviones aliados.

73. Aunque **Alemania tenía superioridad numérica durante la batalla,** las fuerzas británicas se impusieron poco a poco, **obligando finalmente a Hitler a abandonar su plan de invasión.**

74. **La victoria británica en la batalla de Inglaterra salvó** a Inglaterra de la invasión alemana.

75. **Si los alemanes hubieran invadido con éxito el Reino Unido,** la guerra podría haber durado muchos más años o haber terminado en un acuerdo **que diera a los nazis el control de Europa.**

76. **La batalla de Inglaterra** fue también un importante punto de inflexión en la Segunda Guerra Mundial, ya que fue la primera vez que se impidió a la Alemania nazi lograr sus objetivos.

77. **Winston Churchill se refirió célebremente a esta batalla diciendo: "Nunca en el campo de los conflictos humanos tantos le debieron tanto a tan pocos"**, refiriéndose a los valientes pilotos de la RAF que se defendieron contra abrumadoras adversidades y ayudaron a salvar a su nación.

78. Después de la guerra, varios **pilotos alemanes sirvieron como instructores para futuras generaciones** de pilotos de todo el mundo, incluyendo Gran Bretaña, EE. UU., y en su propio país, Alemania.

79. **Muchos hombres y mujeres valientes recibieron medallas** por su servicio durante esta batalla histórica, incluyendo **DFC** (Cruz de Vuelo Distinguido), **DSO** (Órdenes de Servicio Distinguido) y **BEM** (Medallas del Imperio Británico).

80. En memoria de aquellos valientes hombres y mujeres que defendieron Gran Bretaña durante esta épica batalla, todos los años se celebra un servicio conmemorativo en la **Abadía de Westminster el Día de la batalla de Inglaterra (15 de septiembre).**

Ataque a Pearl Harbor
(7 de diciembre, 1941)

El ataque a Pearl Harbor es uno de los acontecimientos más significativos de la historia estadounidense. En 1941, **Japón lanzó un ataque sorpresa contra la estación naval de Pearl Harbor, en Hawái,** que dejó más de 2.400 estadounidenses muertos y más de 1.000 heridos. En esta sección, echamos un vistazo a veinte hechos interesantes sobre este acontecimiento histórico, incluyendo **cómo condujo a Estados Unidos a la Segunda Guerra Mundial.**

81. El ataque a Pearl Harbor tuvo lugar la mañana del 7 de diciembre de 1941.

82. **Japón atacó Pearl Harbor** sin previo aviso ni declaración de guerra.

83. **El objetivo de Japón al atacar Pearl Harbor** era impedir que las fuerzas navales y aeronavales estadounidenses interfirieran en su planeada invasión del sudeste asiático, es decir, los países de Tailandia, Malaya **(la actual Malasia) y Filipinas.** Desgraciadamente para los japoneses, sus principales objetivos, los portaaviones estadounidenses, no se encontraban en Pearl Harbor el 7 de diciembre.

84. **Más de 2.400 estadounidenses murieron durante el ataque** y más de 1.000 personas resultaron heridas.

85. **Ocho acorazados y tres destructores fueron hundidos o gravemente dañados durante el ataque.**

86. **El acorazado USS *Arizona*** fue hundido durante la batalla. Sus restos aún son visibles hoy en Pearl Harbor. Alrededor de **1.175 marineros e infantes de marina murieron en el *Arizona*.** Su monumento conmemorativo es tierra sagrada.

87. **El ataque sorpresa duró sólo noventa minutos de principio a fin.**

88. **Las fuerzas estadounidenses consiguieron derribar veintinueve aviones japoneses** durante la batalla.

89. En un discurso ahora famoso, **el presidente Franklin Delano Roosevelt declaró el 7 de diciembre "una fecha que vivirá en la infamia"**. Pidió al Congreso que declarara la guerra a Japón al día siguiente.

90. **Los hombres de toda América empezaron a acudir en masa a los centros de reclutamiento** mientras se emitía **el discurso de Roosevelt.**

91. **Gran Bretaña declaró la guerra a Japón el 8 de diciembre,** junto con el gobierno francés en el exilio. El 11 de diciembre, **Hitler apoyó a su aliado japonés declarando la guerra a EE. UU.** A partir de ese momento, EE. UU., estuvo en guerra en el Pacífico y en Europa.

92. Tras **el ataque a Pearl Harbor, Japón se hizo rápidamente con el control de gran** parte del sudeste asiático, incluyendo Malaya, Singapur, Indonesia y Nueva Guinea. Japón ya había conquistado partes de China en la década de 1930. Esto provocó tensiones con Estados Unidos, ya que en aquella época era un amigo íntimo de China.

93. En **la primavera de 1941, el imperio japonés incluía** no sólo grandes partes de Asia continental, sino también gran parte del océano Pacífico occidental.

94. **Los japoneses dependían de su armada para transportar al ejército**, reabastecer a sus fuerzas y defender zonas importantes.

95. Durante la guerra, "¡Recuerden Pearl Harbor!" se utilizó tanto como grito de guerra como eslogan para ayudar al reclutamiento.

96. En 1994, **el presidente Bill Clinton declaró el 7 de diciembre "Día Nacional del Recuerdo de Pearl Harbor".**

97. **El USS *Arizona* Memorial** incluye el acorazado hundido y las "lágrimas negras", que están hechas de petróleo que aún se filtra del barco a Pearl Harbor.

98. **El gobierno japonés** emitió una disculpa oficial por el ataque a Pearl Harbor en 2010.

99. **Tras el final de la Segunda Guerra Mundial, Estados Unidos se convirtió en uno de los aliados más estrechos de Japón.** Ambos mantienen hoy fuertes lazos económicos y políticos.

100. Durante muchos años, **los supervivientes del ataque a Pearl Harbor** se reunían en Hawái el 7 de diciembre.

La batalla de Midway
(4 de junio -7 de junio, 1942

Este capítulo explorará **la batalla de Midway**, una de las batallas más decisivas de la Segunda Guerra Mundial. Echaremos un vistazo a veinte hechos interesantes sobre esta batalla y descubriremos cómo fue un importante **punto de inflexión en los esfuerzos bélicos de Estados Unidos contra Japón.**

101. **La batalla de Midway** fue una batalla extremadamente importante en la Segunda Guerra Mundial **entre Estados Unidos y Japón.**

102. **La batalla duró del 4 al 7 de junio de 1942,** cerca de una pequeña isla llamada Atolón de Midway en el Océano Pacífico.

103. **Japón lanzó el ataque a Midway** para poder impedir que la isla fuera utilizada como estación de transporte y abastecimiento para las fuerzas estadounidenses.

104. **Si los japoneses tomaban la isla de Midway,** que era territorio estadounidense, **podrían bloquear la entrada de la marina estadounidense** en el Pacífico occidental.

105. **Durante esta intensa batalla,** se calcula que **EE. UU., perdió más de trescientos hombres,** aunque infligió muchas más bajas a los japoneses. **Los japoneses perdieron más de tres mil marineros y pilotos.**

106. **EE. UU., tenía menos barcos y aviones que Japón,** pero consiguió ganar la batalla.

107. **Siete portaaviones entraron en combate durante este conflicto,** convirtiéndolo en la mayor batalla de este tipo de la historia.

108. **Los japoneses perdieron cuatro de sus portaaviones,** mientras que sólo un portaaviones estadounidense fue destruido.

109. **Los japoneses perdieron muchos pilotos experimentados en la batalla,** lo que les afectó durante el resto de la guerra.

110. Inmediatamente **después del primer ataque japonés,** escuadrones de cazas estadounidenses lanzaron oleadas de ataques con gran precisión, derribando cerca de 250 aviones enemigos y perdiendo sólo unos 30 en combate y otros 100 aproximadamente a bordo **del portaaviones hundido USS Lexington.**

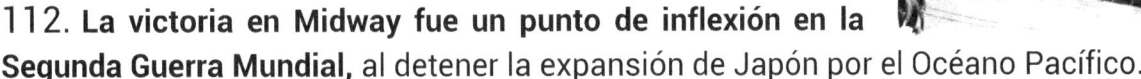

111. **Esta impresionante victoria se atribuye en gran parte al descifrado de códigos realizado por la inteligencia naval estadounidense,** que fue capaz de interceptar y descifrar los mensajes de radio japoneses.

112. **La victoria en Midway fue un punto de inflexión en la Segunda Guerra Mundial,** al detener la expansión de Japón por el Océano Pacífico.

113. Después de esta batalla, **EE. UU., tenía una ventaja creciente sobre Japón** en tecnología, industria y mano de obra.

114. **El almirante Chester Nimitz** fue el responsable de dirigir las fuerzas estadounidenses durante la batalla de Midway.

115. **La armada japonesa estaba dirigida por Isoroku Yamamoto.** Había estudiado durante un tiempo en Estados Unidos y le gustaba este país.

116. **Yamamoto fue derribado por las fuerzas estadounidenses en 1943** mientras se trasladaba de una base a otra. Los descifradores de códigos americanos descubrieron su programa y se enviaron aviones de combate para derribar su avión.

117. Uno de los héroes estadounidenses más conocidos durante esta batalla fue el **teniente de la marina George Gay.** Pensó en estrellar su avión contra un barco japonés, pero decidió no hacerlo. Fue el único de su escuadrón que sobrevivió. Observó la mayor parte de la batalla mientras flotaba en el mar.

118. **La batalla de Midway** se considera un punto de inflexión en la historia naval, ya que marca el momento en que los portaaviones adquirieron más importancia que los acorazados.

119. **Hoy en día, la isla de Midway es un monumento conmemorativo** y una reserva natural.

120. En 1976 y 2019 **se hicieron películas de Hollywood** sobre esta famosa batalla.

Segunda Guerra Mundial

Batalla de Stalingrado
(23 de agosto, 1942 - 2 de febrero, 1943)

La batalla de Stalingrado fue una de las más decisivas y devastadoras de la Segunda Guerra Mundial. Este capítulo explorará su fascinante historia con veinte datos interesantes. Descubriremos cómo **más de dos millones de personas se vieron implicadas en la lucha por el control de Stalingrado,** lo que provocó un asombroso número de bajas en ambos bandos.

121. **Stalingrado** (ahora llamada **Volgogrado**) está situada en el sur de Rusia, justo al este de Ucrania.

122. La batalla duró del 23 de agosto de 1942 al 2 de febrero de 1943 y se **saldó con una victoria soviética sobre las fuerzas alemanas.**

123. **Las tropas húngaras y rumanas** aliadas de los alemanes también lucharon en Stalingrado.

124. **Aunque la batalla comenzó el 23 de agosto de 1942,** existe cierta confusión sobre su inicio porque la ofensiva alemana sobre Stalingrado había comenzado ya el 17 de julio. Diferentes fuentes pueden referirse a cualquiera de las dos fechas al hablar del comienzo de esta batalla crucial.

125. **Durante cinco largos meses,** las temperaturas descendieron muy por debajo de los cero grados centígrados, lo que dificultó aún más las condiciones de los ya cansados combatientes de ambos bandos del conflicto.

126. **Decenas de miles de civiles murieron** de hambre, en los bombardeos o en los combates.

127. **Los alemanes perdieron 200.000 soldados** en combate y un número incalculable de heridos. De los noventa mil hombres que fueron a parar a los campos de prisioneros de guerra soviéticos, sólo cinco mil regresaron a casa.

128. Durante esta batalla tuvieron lugar legendarios duelos de francotiradores entre un gran número de francotiradores soviéticos y alemanes. **El francotirador soviético más famoso fue Vasily Zaitsev.**

129. **Las fuerzas alemanas se vieron obligadas a rendirse en Stalingrado** después de que su comandante, el **general Friedrich Paulus** (el oficial alemán de más alto rango jamás capturado), decidiera rendirse el 2 de febrero de 1943.

130. Cuando **Adolf Hitler se enteró de que sus fuerzas habían sido derrotadas en Stalingrado,** se negó a creerlo. Lo había apostado todo a la victoria.

131. **La victoria soviética sobre Alemania en Stalingrado inició una reacción en cadena** que finalmente condujo a la victoria aliada en 1945, poniendo fin a la Segunda Guerra Mundial.

132. **A pesar de perder casi 500.000 soldados,** la victoria soviética en Stalingrado fue el inicio de un exitoso contraataque contra las fuerzas nazis.

133. **La batalla de Stalingrado** marcó un cambio significativo en la forma de librar las batallas, ya que demostró que el poder aéreo por sí solo no podía ganar una batalla, algo que los alemanes habían intentado hacer bombardeando la ciudad hasta convertirla en escombros.

134. **La batalla de Stalingrado** también es **famosa por los intensos combates cuerpo a cuerpo** que tuvieron lugar dentro de la ciudad.

135. Antes de la Segunda Guerra Mundial, **los soviéticos rebautizaron Tsaritsyn con el nombre de "Stalingrado"** en honor a su líder.

136. Después de la guerra, **la Unión Soviética construyó un monumento de 279 pies de altura llamado *La madre patria llama* en Stalingrado (hoy Volgogrado).** El monumento está dedicado a los que perdieron la vida durante la batalla.

137. **En 2004, la UNESCO declaró el Kurgán Mamayev de Volgogrado Patrimonio de la Humanidad.** Conmemora las pérdidas soviéticas en Stalingrado.

138. **Mamayev Kurgan es una colina y probablemente un antiguo cementerio que domina la ciudad.** Cambió de manos varias veces durante la batalla.

139. A día de hoy, **los monumentos y memoriales de Volgogrado** son algunos de los lugares más visitados de Rusia.

140. La batalla ha aparecido en muchas películas, como **Stalingrado** (1955 y rehecha en 1993), **Enemigo a las puertas** (2001) y **La batalla de Stalingrado** (2005).

Norte de África e Italia
(1940-1944)

La Segunda Guerra Mundial se libró en muchos lugares diferentes, desde el **Círculo Polar Ártico hasta los desiertos** del norte de África o la "Ciudad Eterna" de Roma. En esta sección, conocerá quince datos interesantes de las campañas **norteafricana e italiana,** a menudo pasadas por alto, pero de importancia crítica.

141. **En 1935, el dictador italiano Benito Mussolini intentó restaurar lo que él llamaba "la grandeza de Roma"** reclamando territorios en el este y el norte de África. En 1936, Mussolini invadió uno de los pocos países independientes de África, Etiopía.

142. **Los etíopes estaban dirigidos por el emperador Haile Selassie.** Fueron superados por los italianos en todos los aspectos, pero presentaron una valiente batalla. **Etiopía acabó perdiendo ante los italianos,** que llevaron a cabo una ocupación brutal pero breve.

143. **En 1939, Mussolini se apoderó del pequeño país del sur de Europa, Albania,** que había sido una posesión italiana. Había logrado la independencia tras la Primera Guerra Mundial.

144. **En otoño de 1940, Mussolini atacó Grecia, pero sufrió una humillante derrota.** La primavera siguiente, **Hitler** acudió en ayuda de Mussolini y atacó **Grecia** tras invadir **Yugoslavia** por el norte. Las ocupaciones tanto de Grecia como de Yugoslavia desembocaron en brutales guerras de guerrillas contra alemanes e italianos.

145. **En septiembre de 1940, Mussolini intentó apoderarse de Egipto, dominado por los británicos,** con la esperanza de capturar el importantísimo Canal de Suez. Fue detenido y pronto se retiró a través del desierto norteafricano por la costa del sur del mar Mediterráneo.

146. Hitler envió a uno de sus mejores generales, **Erwin Rommel,** al norte de África con una fuerza de tanques e infantería conocida como el **Afrika Korps.** Superados en número, pero dirigidos con brillantez y habilidad, los alemanes hicieron retroceder a las fuerzas británicas e imperiales (tropas de Australia, Nueva Zelanda y la India) a través de la frontera egipcia.

147. Durante un año y medio, **Rommel y los británicos se empujaron mutuamente a través del desierto** hasta que el general británico Bernard Montgomery derrotó decisivamente a Rommel en la Segunda Batalla de El Alamein.

148. **A finales de 1942, las fuerzas estadounidenses invadieron el norte de África** desde el oeste mientras que las británicas empujaban a las fuerzas del Eje desde el este, lo que provocó la derrota de Alemania en el norte de África.

149. **El 10 de julio de 1943, los aliados desembarcaron en la gran isla del sur de Italia, Sicilia,** y el 25 de julio hicieron retroceder a las fuerzas alemanas e italianas hasta el territorio continental italiano.

150. **El 24 de julio, Mussolini fue arrestado por las fuerzas leales al rey de Italia.** Más tarde fue rescatado por comandos alemanes en una audaz incursión, pero después de eso nunca dirigió más que una pequeña zona del norte de Italia.

151. **Tras el arresto de Mussolini, Hitler envió cientos de miles de soldados a Italia para luchar contra los Aliados, llevándose a las tropas alemanas que luchaban contra la Unión Soviética.**

152. Los Aliados estaban divididos sobre la importancia de invadir Italia, pero el primer ministro británico **Winston Churchill** insistió en que se podía entrar en Alemania desde el sur, poniendo fin a la guerra. Éste fue uno de sus mayores errores en la guerra. Cuando la guerra terminó en 1945, las tropas aliadas seguían luchando en Italia.

153. La más famosa de las muchas batallas campales y escabrosas que tuvieron lugar en Italia fue en **Monte Cassino**, un monasterio en la cima de una montaña que domina la carretera de Roma. **Monte Cassino fue una victoria para los Aliados,** pero resultó extremadamente costosa y controvertida.

154. **Roma fue liberada el 5 de junio de 1944 por las fuerzas estadounidenses,** un día antes del famoso desembarco del **Día D en Francia.**

155. **Muchos italianos se unieron a la lucha contra los alemanes.** Muchos pagaron el precio más alto por intentar liberar a su país de la tiranía.

Día D
(6 de junio, 1944)

Este capítulo explorará **los monumentales acontecimientos del Día D de 1944.** Echaremos un vistazo a veinte hechos fascinantes sobre una de **las operaciones militares más significativas de la historia: la Operación Overlord.** Descubra cómo esta trascendental batalla dio a los Aliados una victoria decisiva en la Segunda Guerra Mundial y, en última instancia, **contribuyó a poner fin al reinado de terror de la Alemania nazi.**

156. **El Día D fue la mayor invasión marítima de la historia, con más de 150.000 soldados** que cruzaron el Canal de la Mancha para desembarcar en las playas de Normandía en más de 5.000 barcos.

157. **La invasión formaba parte de la Operación Overlord,** que duró del **6 de junio al 25 de agosto de 1944.** El Día D tuvo lugar el 6 de junio.

158. **Los soldados formaban parte de once naciones aliadas,** entre ellas Gran Bretaña, Canadá y Estados Unidos.

159. **Entre cinco y siete mil barcos fueron utilizados por las fuerzas aliadas** para transportar tropas a través del Canal de la Mancha hasta las playas de Normandía el Día D.

160. **Durante la Operación Overlord, los soldados utilizaron tanques anfibios, que les permitían pasar del agua a la tierra,** y lanchas de desembarco especializadas diseñadas para transportar infantería a través de distancias cortas de forma rápida y segura.

161. **La batalla tenía tres objetivos principales: asegurar un punto de apoyo en suelo francés** capturando pueblos y ciudades clave, como Caen y Cherburgo; **ampliar el punto de apoyo** con un empuje hacia el sur para tomar París; **y asegurar toda Francia** empujando hacia el este hasta Alemania. **Todos estos objetivos se lograron,** pero la operación se retrasó debido a la dura resistencia alemana.

162. **La operación fue tan grande que requirió una amplia planificación y coordinación entre los Aliados.** Incluso se dieron nombres en clave a cada cabeza de playa para mantener en secreto las zonas de desembarco.

163. **El nombre en clave Operación Overlord** se eligió porque sonaba como algo de la mitología griega, insinuando la importancia de su misión.

164. **La BBC emitió un mensaje codificado durante su boletín de noticias de las 21.00 horas del 5 de junio de 1944,** advirtiendo a la Resistencia francesa cerca de la costa de que una invasión era inminente. A veces se conoce como **la emisión del "Día más largo".**

165. **La Operación Overlord comenzó a medianoche** cuando los pilotos británicos de planeadores aterrizaron tras las líneas alemanas para destruir puentes y cortar las vías de comunicación alemanas durante su ataque a la región francesa de Normandía.

166. **Las divisiones aerotransportadas 82ª y 101ª de EE. UU., se lanzaron en paracaídas tras las líneas enemigas** en la madrugada del 6 de junio para desorganizar las defensas alemanas que se preparaban para el ataque aliado a las playas de Normandía.

167. **Más de veinticuatro mil paracaidistas estadounidenses, británicos y canadienses fueron lanzados cerca de sus objetivos** a pesar del intenso fuego antiaéreo de las fuerzas alemanas que se encontraban más abajo. Los alemanes habían sido alertados con antelación de que era probable una invasión.

168. Alrededor de las 7:30 a.m., las fuerzas aliadas comenzaron a desembarcar en cinco cabezas de playa diferentes a lo largo de un tramo de cincuenta millas de costa en el norte de Francia: **Utah** Beach, **Omaha** Beach, **Gold** Beach, **Juno** Beach y **Sword** Beach.

169. **Para el 11 de junio, las cinco cabezas de playa estaban aseguradas,** lo que permitió que miles de tropas más desembarcaran como **parte de la Operación Overlord.** Esto incluía muchos más tanques, piezas de artillería y otros equipos necesarios para futuras batallas contra las fuerzas de la Alemania nazi.

170. **En total, hubo más de 425.000 bajas,** entre muertos y heridos, en algo menos de dos meses de combates en Normandía.

171. **Sólo en el Día D, los británicos y los canadienses perdieron unos 1.000 soldados,** mientras que **los estadounidenses sufrieron unas 2.500 bajas.** La mayoría de las muertes en combate estadounidenses tuvieron lugar en Omaha Beach.

172. **El éxito de la Operación Overlord supuso un importante punto de inflexión en la Segunda Guerra Mundial,** ya que los Aliados tenían ahora el control del Frente Occidental y podían lanzar más ataques contra las fuerzas de Hitler desde esta posición.

173. **Tras semanas de encarnizados combates en Normandía, París fue liberada por las tropas aliadas el 25 de agosto de 1944.** Esto marcó el final de la Operación Overlord y una importante victoria para los Aliados en la Segunda Guerra Mundial.

174. En recuerdo de aquellos que dieron su vida luchando por la libertad durante la Segunda Guerra Mundial, **se celebra una ceremonia anual en el Cementerio Americano de Normandía.**

175. **El 6 de junio de 2019, Francia conmemoró los setenta y cinco años del Día D con actos especiales,** como sobrevuelos de aviones militares y exhibiciones en honor a los veteranos que habían servido en la Segunda Guerra Mundial.

Batalla de las Ardenas
(16 de diciembre, 1944 - 25 de enero, 1945)

Descubra **la increíble historia de la batalla de las Ardenas, una de las batallas más emblemáticas de la Segunda Guerra Mundial.** En este capítulo, examinaremos veinte datos interesantes sobre este notable conflicto que tuvo lugar principalmente **entre tropas alemanas y estadounidenses.**

176. **"Las Ardenas" tuvieron lugar principalmente en la región de las Ardenas de Francia y Bélgica,** a lo largo de la frontera entre Alemania y sus territorios ocupados.

177. **La batalla de las Ardenas** también fue llamada **Contraofensiva de las Ardenas por las fuerzas estadounidenses** o **Wacht am Rhein** (Vigilancia del Rin) **por las fuerzas alemanas.**

178. Se cree que **el plan de Hitler al lanzar el ataque era un intento de dividir a las fuerzas aliadas** para poder negociar un acuerdo de paz en condiciones más favorables.

179. La batalla se conoce a veces como **"la última apuesta de Hitler"** debido a sus intentos fallidos de negociar la paz por la fuerza.

180. **Fue la mayor batalla librada por Estados Unidos en la Segunda Guerra Mundial,** con cerca de un millón de soldados implicados en ambos bandos del conflicto en algún momento de la contienda.

181. Muchas de las **tropas estadounidenses** estacionadas inicialmente en **las Ardenas** cuando comenzó la batalla eran reemplazos en ciernes que no habían visto el combate. Algunas resistieron a los alemanes con una lucha tenaz, pero al comienzo de la batalla se produjo **la mayor rendición de tropas de combate estadounidenses de la historia.**

182. **El ejército alemán atacó a través del bosque belga de las Ardenas,** que se consideraba demasiado difícil de defender contra un ataque debido a su accidentado terreno y a sus densas zonas boscosas.

183. **Los alemanes lograron inicialmente tomar varias ciudades,** pero fueron detenidos en Bastogne por las tropas estadounidenses hasta que llegaron los refuerzos de la división del Tercer Ejército del **general George S. Patton** y repelieron su avance tras fuertes pérdidas en ambos bandos.

184. Antes de ser detenidas en Bastogne el 25 de enero de 1945, **las tropas alemanas habían conseguido avanzar unos noventa kilómetros hacia las líneas aliadas,** lo que la convirtió en una de las retiradas más largas de la historia militar estadounidense.

185. **Durante los primeros días de la batalla, el mal tiempo impidió a los aviones estadounidenses atacar a los alemanes** y reabastecer a las tropas estadounidenses en tierra.

186. **El tiempo era gélido,** con temperaturas que **alcanzaban los -20°C,** lo que provocó que muchos soldados sufrieran congelaciones.

187. **Se retiraron del frente más hombres por congelación que por heridas de combate.**

188. **Las fuerzas estadounidenses sufrieron alrededor de 75.000 bajas,** mientras que **las pérdidas alemanas se estimaron en más de 100.000 hombres muertos o capturados.**

189. Muchos personajes famosos sirvieron durante la batalla, como el **general George S Patton** y la famosa **Easy Company de Band of Brothers fame.**

190. **A pesar de las grandes pérdidas sufridas por ambos bandos,** marcó un importante punto de inflexión en la guerra, ya que fue la última gran ofensiva de las fuerzas alemanas e inició la fase final para derrotar a Hitler.

191. **Veinte Medallas de Honor** fueron concedidas durante esta batalla, incluyendo tres premios póstumos otorgados a aquellos que perdieron la vida **mientras realizaban actos heroicos** que salvaron a muchos otros soldados durante este conflicto.

192. **El general Dwight D Eisenhower** pensó que era el objetivo de un escuadrón de asesinos alemán y permaneció escondido durante parte de la batalla.

193. **La batalla de las Ardenas contribuyó a acelerar el final de la Segunda Guerra Mundial,** ya que demostró que Alemania ya no era capaz de montar ofensivas significativas.

194. **En 1965, se construyó un monumento conmemorativo en el Cementerio Americano de Luxemburgo, situado cerca de Hamm, Luxemburgo,** en honor a los más de cinco mil soldados estadounidenses que murieron durante esta batalla.

195. **Durante años, los veteranos se reunían cada año en complejos turísticos de lujo,** como el Hotel des Ardennes, para un reencuentro que conmemoraba su servicio y sacrificio durante la batalla de las Ardenas.

Batalla de Berlín
(16 de abril - 2 de mayo, 1945)

Este capítulo explorará veinte hechos interesantes sobre esta monumental batalla que vio a los **soviéticos capturar la capital alemana,** poniendo fin a la guerra y marcando una nueva era para Europa. Descubriremos detalles sobre el número de soldados que lucharon, así como **el destino de Adolf Hitler.**

196. **La batalla de Berlín fue la batalla final de la Segunda Guerra Mundial en Europa.**

197. La batalla duró del **16 de abril al 2 de mayo de 1945.**

198. **Berlín estaba en su mayor parte en ruinas incluso antes de que comenzara la batalla,** ya que los británicos y los estadounidenses habían estado bombardeando la ciudad durante años.

199. **Los soviéticos rodearon la ciudad y la atacaron por todos lados.**

200. Mientras **los soviéticos empujaban hacia Alemania desde el este, los aliados occidentales** (Gran Bretaña y EE. UU.) **avanzaban desde el oeste.**

201. **Cerca de 2,5 millones de soldados del Ejército Rojo y aproximadamente 700.000 alemanes lucharon en Berlín** y sus suburbios.

202. Aunque no se dispone de cifras exactas, se calcula que entre **setenta y cinco mil y ochenta mil soldados del Ejército Rojo murieron en esta batalla.** Algunas cifras son mucho más elevadas.

203. **Casi tres millones de soldados alemanes fueron hechos cautivos por las fuerzas aliadas** entre el Día D y el final de la guerra.

204. **Más de 100.000 civiles murieron** en la batalla debido a los bombardeos y los combates en las calles.

205. La cantidad de **potencia de fuego que el Ejército Rojo utilizó en Berlín** superó el peso de las bombas lanzadas sobre la ciudad por los aliados occidentales a lo largo de la guerra.

206. **Gran parte de la ciudad fue destruida** por los bombardeos británicos y estadounidenses y el asalto soviético.

207. Muchos monumentos famosos, como **la Puerta de Brandeburgo y el edificio del Reichstag** (parlamento), **sufrieron graves daños.**

208. Después de la guerra, **muchos soldados soviéticos afirmaron haber sido quienes izaron la bandera soviética sobre el Reichstag,** pero la famosa fotografía tomada cerca del final de la batalla probablemente fue posada.

209. **Adolf Hitler se suicidó pegándose un tiro. Su nueva esposa, Eva Braun, tomó veneno.** Sus cuerpos fueron quemados fuera de su búnker.

210. **El almirante Karl Doenitz fue nombrado canciller** tras la muerte de Hitler. Ocupó el cargo sólo unos días.

211. Muchos altos cargos nazis, entre ellos Hermann Göring, **Heinrich Himmler** y **Albert Speer,** fueron detenidos por las fuerzas aliadas.

212. Himmler se suicidó poco después de ser capturado.

213. **Tras la batalla de Berlín, muchos científicos alemanes fueron trasladados a EE. UU., y a la URSS** para investigar la exploración espacial y la ingeniería de cohetes.

214. **El 7 de mayo de 1945, las fuerzas alemanas firmaron los documentos oficiales de rendición.** La guerra terminó oficialmente a las 12:01 horas del 8 de mayo.

215. **Los soviéticos celebraron su victoria con un multitudinario desfile militar el 24 de junio de 1945 en Moscú.**

Día V-E

(8 de mayo, 1945)

Este capítulo explorará el **Día V-E (Día de la Victoria en Europa)**, que marca **el día de la rendición de la Alemania nazi**. Echaremos un vistazo a veinte datos interesantes sobre la celebración, desde los enormes desfiles hasta los momentos de silencio en honor a los que perdieron la vida.

216. **El Día V-E significa "Día de la Victoria en Europa"** y marca **el día en que la Alemania nazi se rindió** durante la Segunda Guerra Mundial.

217. En un momento dado, **Hitler controlaba casi toda Europa,** gran parte del norte de África y gran parte de la Unión Soviética.

218. Personas de todos los países ocupados colaboraron para derrotar a **Hitler.** Sin embargo, no debemos olvidar que **muchos colaboraron también con los nazis.**

219. Se calcula que más de **setenta millones de personas murieron durante la guerra.** La mayoría eran civiles.

220. **El documento oficial de rendición de Alemania se firmó el 7 de mayo de 1945,** pero no fue hasta el 8 de mayo cuando se hizo público.

221. En Estados Unidos, **el presidente Harry Truman declaró el 8 de mayo de 1945 fiesta nacional.**

222. **El Día V-E, millones de personas se reunieron en las calles** de Europa, Norteamérica y otros lugares para celebrarlo con banderas y pancartas.

223. **Los barcos y sus tripulaciones también se unieron a la celebración,** con bocinas sonando a todo volumen en las ciudades portuarias de todo el mundo.

224. **La gente de toda América lo celebró ondeando banderas** desde sus casas y negocios.

225. **Muchas ciudades estadounidenses celebraron desfiles con bandas de música** tocando canciones patrióticas como **"God Bless America"**.

226. **En Londres, más de diez mil personas marcharon al palacio de Buckingham** para ver a la familia real y al héroe británico de la guerra, **el primer ministro Winston Churchill.**

227. **A las 3 de la tarde, el rey Jorge VI hizo un histórico discurso por radio** para anunciar que se había logrado la victoria.

228. **La gente lo celebraba con fiestas callejeras** llenas de cantos, bailes y bebida por toda Gran Bretaña.

229. **En Gran Bretaña, el primer ministro Winston Churchill pronunció un discurso de victoria** que fue retransmitido por radio a millones de personas en todo el mundo.

230. Colorines **rojos, blancos y azules** (que son los colores tanto de Gran Bretaña como de EE. UU.) colgaban de las ventanas a lo largo de las calles de la ciudad mientras la gente cantaba canciones como **"Dios salve al Rey"**.

231. Muchos monumentos famosos se iluminaron o se cubrieron con telas, como en **Trafalgar Square**, donde la **Columna de Nelson** se alzaba orgullosa rodeada de miles de ciudadanos que la vitoreaban.

232. **Las banderas de las tres principales naciones aliadas** (**Estados Unidos**, el **Reino Unido** y la **URSS**) ondearon en los tejados de las ciudades de toda Europa como símbolo de **la victoria aliada sobre la Alemania nazi.**

233. **En el Día V-E,** la gente lo celebró cantando y bailando, pero también se tomó tiempo para recordar a los que perdieron la vida durante la Segunda Guerra Mundial honrándolos con momentos de silencio.

234. **Tras el Día V-E,** la atención pasó a centrarse en derrotar a **Japón.**

235. En muy poco tiempo, las tres grandes potencias (EE. UU., y el Reino Unido por un lado y la URSS por otro) se convirtieron en adversarios en **un nuevo tipo de conflicto llamado Guerra Fría.**

La Conferencia de Potsdam
(17 de julio - 2 de agosto, 1945)

Explore la fascinante **historia de la Conferencia de Potsdam**. Este capítulo examinará veinte datos interesantes sobre **la histórica reunión entre los líderes** de tres países: **Estados Unidos, Gran Bretaña y la Unión Soviética**. Descubra el debate que mantuvieron sobre **el futuro de Europa tras el final** de la Segunda Guerra Mundial.

236. **La Conferencia de Potsdam fue una reunión entre los líderes** de los tres principales países aliados: **Estados Unidos, Gran Bretaña y la Unión Soviética.**

237. La reunión marca una de las tres únicas veces en que los líderes de **EE. UU., la URSS y Gran Bretaña** estuvieron juntos a la vez, siendo las otras dos la **Conferencia de Teherán (1943)** y la **Conferencia de Yalta (1945).**

238. **La Conferencia de Potsdam** tuvo lugar en julio y agosto de **1945 en Potsdam, Alemania,** cerca de Berlín.

239. **El presidente estadounidense Harry Truman, los primeros ministros británicos Winston Churchill** y su sucesor, Clement Attlee, y el **primer ministro soviético Joseph Stalin** asistieron a esta importante conferencia para discutir el futuro de Europa en la posguerra.

240. **Decidieron dividir Alemania en cuatro zonas de ocupación,** una para cada país más Francia.

241. **También hablaron de planes para restaurar la paz en toda Europa** estableciendo nuevos gobiernos en los países europeos ocupados por los nazis.

242. **Otros temas fueron las reparaciones por parte de Alemania, el castigo a los criminales de guerra,** la expulsión de los alemanes de otras partes de Europa del Este y la creación de organizaciones internacionales como la **Organización de las Naciones Unidas (ONU).**

243. Durante la conferencia, **Churchill perdió su reelección en Gran Bretaña.** A pesar de ser un héroe para el pueblo británico, la mayoría creía que el líder del Partido Laborista, Clement Attlee, sería un mejor primer ministro en tiempos de paz.

244. Potsdam fue **la primera aparición del presidente Truman en la escena internacional**. El presidente Franklin D. Roosevelt, el más longevo de la historia de EE. UU., **murió en abril de 1945**.

245. **El 24 de julio de 1945, el presidente estadounidense Truman recibió la noticia del éxito de la prueba de la bomba atómica** en Nuevo México, lo que le dio más influencia durante las negociaciones.

246. **La Declaración de Potsdam se firmó el 2 de agosto de 1945,** estableciendo los términos de la rendición incondicional de Japón. La declaración advertía a Japón de que se enfrentaría a una "pronta y total destrucción" si no se rendía.

247. **Poco después de finalizar la conferencia, las fuerzas estadounidenses lanzaron una bomba atómica sobre Hiroshima, Japón,** el 6 de agosto, seguida de otra **tres días después sobre Nagasaki**.

248. Esta conferencia marcó un punto de inflexión en la historia, ya que **creó nuevas fronteras entre los países,** muchas de las cuales permanecen hoy en día.

249. **Alemania se dividió al final de la guerra en dos países:** la **Alemania Occidental** democrática, también conocida como República Federal de Alemania, y la **Alemania Oriental** comunista, también conocida como República Democrática de Alemania.

250. **Al comienzo de la guerra en 1939, Gran Bretaña era considerada una "gran potencia".** En 1945, su poder era empequeñecido por Estados Unidos y la Unión Soviética.

251. **Los soviéticos prometieron elecciones libres** en todos los territorios de Europa del Este bajo su control. Las elecciones se celebraron, pero estaban amañadas. Los regímenes comunistas tomaron el poder en las zonas controladas por los soviéticos.

252. Aunque **se mantuvo la paz en Europa,** las conversaciones de Potsdam y de otras conferencias dejaron claro que **la relación entre Occidente y la URSS iba a ser difícil.**

253. **La Guerra Fría** fue una lucha política y **económica entre los Estados Unidos democráticos y la URSS comunista**. Aunque ambos nunca se enfrentaron en un conflicto directo, sí lucharon en bandos opuestos en guerras indirectas.

254. **La Guerra Fría duró desde 1945 hasta 1991,** cuando se desmanteló la Unión Soviética.

255. **En aquel momento, no estaba claro si la paz duraría,** pero hoy podemos reflexionar sobre la Conferencia de Potsdam como un éxito en las relaciones internacionales.

El Teatro del Pacífico
(diciembre de 1941-septiembre de 1945)

La guerra en el Pacífico se libró principalmente entre **las fuerzas de Estados Unidos y las de Japón,** pero las fuerzas británicas, australianas, indias y holandesas también lucharon en el teatro del Pacífico. **La guerra en el Pacífico se libró por tierra, mar y aire,** y los Aliados hicieron retroceder a los japoneses a través del agua hacia sus islas natales. Exploremos dieciocho hechos sobre esta parte de la Segunda Guerra Mundial.

256. **La invasión japonesa de China en 1936 es considerada por muchos historiadores como el comienzo no oficial de la Segunda Guerra Mundial.** La invasión duró de 1936 a 1945. Se perdieron millones de vidas chinas, en su mayoría civiles.

257. **Estados Unidos mantenía entonces una buena relación con China.** Una vez que los japoneses se apoderaron de los territorios franceses en el sudeste asiático, **Estados Unidos impuso un embargo comercial a Japón.** Las cosas más importantes que Japón compraba a Estados Unidos eran cosas de las que no tenían suficiente en casa, como el petróleo y el acero.

258. **Los líderes japoneses creían que una guerra con EE. UU., era inevitable,** pero sabían que probablemente no podrían ganar una guerra larga contra el país más rico del mundo. Planearon una ofensiva relámpago, con la que esperaban asustar a EE. UU., para entablar conversaciones de paz.

259. **Una parte crucial del plan japonés consistía en atacar el puerto naval y la estación aérea estadounidenses de Pearl Harbor, en Hawái.** El objetivo principal del ataque iba a ser los portaaviones estadounidenses, pero cuando **se produjo el ataque, el 7 de diciembre de 1941,** los portaaviones estaban en alta mar. Aun así, el ataque japonés hundió y dañó acorazados y otros buques de guerra estadounidenses y se cobró más de dos mil vidas.

260. **Al día siguiente, el presidente Roosevelt pidió al Congreso que declarara la guerra a Japón,** calificando el ataque a Pearl Harbor de "ataque no provocado y ruin".

261. Al mismo tiempo que se producía **el ataque a Pearl Harbor, los japoneses invadieron varias posesiones estadounidenses y británicas en Asia,** sobre todo Filipinas y Singapur.

262. **Las tropas estadounidenses y filipinas defendieron las Filipinas con valentía,** pero estaban en inferioridad numérica. Cuando se rindieron, fueron objeto de un trato brutal por parte de los japoneses.

263. El comandante militar estadounidense y gobernador de Filipinas, **Douglas MacArthur,** juró: "Volveré". Lo hizo después de dirigir el avance hacia el sur de las tropas estadounidenses de regreso a través del Pacífico. **Filipinas fue liberada en 1945.**

264. **El plan estadounidense consistía en lanzar un ataque en dos frentes a través del Pacífico.** La Armada estadounidense transportaría y apoyaría al Cuerpo de Marines en una ofensiva a través del Pacífico central y al Ejército estadounidense a través del Pacífico suroccidental.

265. **Los Marines libraron algunas de las batallas más famosas de la Segunda Guerra Mundial en el Pacífico.** La primera batalla importante la libraron los marines y el ejército estadounidense en la isla de Guadalcanal, al este de Australia. Guadalcanal fue la primera victoria terrestre de los Aliados en el Pacífico.

266. **A principios de junio de 1942, las fuerzas navales estadounidenses y japonesas se enfrentaron cerca de la isla de Midway,** con el resultado de una victoria unilateral estadounidense. Midway fue el punto de inflexión de la guerra en el Pacífico.

267. A medida que avanzaba la guerra, la diferencia entre las economías japonesa y estadounidense se hizo evidente en muchos aspectos. **Los estadounidenses superaban a los japoneses en casi todos los aspectos** en cuanto a barcos, tanques y aviones. También se calcula que, por término medio, cada soldado estadounidense llevaba casi una tonelada de suministros de apoyo, mientras que los japoneses tenían unas cincuenta libras.

268. **Los japoneses, superados en armamento y personal, opusieron una defensa tremendamente dura.** Durante la mayor parte de la guerra, **prácticamente ningún soldado japonés fue hecho prisionero.** O bien realizaban cargas suicidas o se suicidaban en los búnkeres y sistemas de cuevas que habían fortificado.

269. Algunas de **las batallas más famosas de la Segunda Guerra Mundial** en las que participó Estados Unidos tuvieron lugar en el Pacífico. **Estas batallas incluyen Tarawa, Peleliu, Saipán, Iwo Jima** (el lugar de la famosa foto del izado de la bandera) y **Okinawa.**

270. A principios de 1944, **los estadounidenses dominaban el Pacífico,** aunque los japoneses hicieron varios intentos desesperados por cambiar esa situación, incluida la **famosa batalla del golfo de Leyte** y en los mares que rodean Okinawa, donde oleadas de pilotos suicidas "**kamikaze**" estrellaron sus aviones contra barcos estadounidenses o murieron en el intento.

271. Mientras las tropas estadounidenses se preparaban para una costosa invasión de Japón, se anunció que **EE. UU., había lanzado la primera bomba atómica sobre Hiroshima el 6 de agosto de 1945. Una segunda bomba fue lanzada sobre Nagasaki el 9 de agosto.** Poco después, los japoneses se rindieron, poniendo fin a la Segunda Guerra Mundial en Asia y el Pacífico.

272. **En los últimos días de la guerra, la Unión Soviética invadió los territorios controlados por Japón en China,** obligando a millones de soldados japoneses a rendirse ante ellos y ante las fuerzas chinas que habían sido abastecidas por Estados Unidos y Gran Bretaña.

273. **Desde 1945 hasta nuestros días, Japón ha sido uno de los aliados más fiables de Estados Unidos.** Sin embargo, hasta hace muy poco, a las fuerzas japonesas no se les permitía ser utilizadas en el extranjero más que con fines humanitarios.

Los bombardeos atómicos de Hiroshima y Nagasaki

Este capítulo explorará los devastadores **bombardeos atómicos de Hiroshima y Nagasaki**. Echaremos un vistazo a veinte datos interesantes sobre estas tragedias, incluyendo su impacto en los afectados y cómo se recuerdan hoy en día. También descubriremos el **inmenso poder que había detrás de estas bombas** y los daños que causaron.

274. **El 6 de agosto de 1945, Estados Unidos lanzó una bomba atómica sobre Hiroshima, en Japón.**

275. El nombre de la bomba atómica era "Little Boy".

276. Tres días después, **otra bomba atómica llamada "Fat Man" fue lanzada sobre Nagasaki, en Japón.**

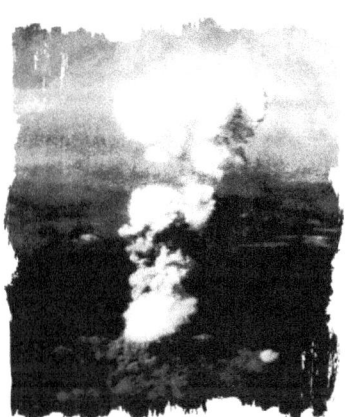

277. Las estimaciones varían, pero **al menos 200.000 personas murieron a causa de estas bombas** inmediatamente o murieron en pocos meses debido a la enfermedad por radiación y otras lesiones.

278. **Muchos de los hijos de estos supervivientes se vieron afectados por la radiación.** Las tasas de cáncer en Hiroshima y Nagasaki aumentaron después de la guerra.

279. **Se calcula que alrededor de un millón de japoneses resultaron heridos por ambos bombardeos.**

280. **Miles de animales domésticos también murieron durante estos acontecimientos** debido al envenenamiento por radiación y otras lesiones causadas por las explosiones.

281. **El envenenamiento por radiación de los bombardeos sigue causando problemas de salud a los supervivientes en la actualidad.** A estos supervivientes se les conoce como **hibakusha** (personas afectadas por la bomba atómica).

282. El calor generado por estas bombas **alcanzó temperaturas superiores a las de la superficie del sol.**

283. **La bomba de Hiroshima** tenía una **potencia explosiva de quince mil toneladas de TNT.**

284. **Muchos edificios cercanos a la zona cero se desintegraron.** Intensas tormentas de fuego asolaron ambas ciudades, destruyendo muchos edificios.

285. **Las nubes en forma de hongo liberadas durante cada bombardeo podían verse a cincuenta millas de distancia.**

286. **A estos dos bombardeos se les atribuye ampliamente el final de la Segunda Guerra Mundial.**

287. **Hasta abril de 2023, Estados Unidos ha sido el único país que ha utilizado bombas atómicas en la guerra.**

288. **El presidente estadounidense en el momento de los bombardeos era Harry Truman.** Hoy, algunos critican sus acciones.

289. **En 1946, EE. UU., creó la Comisión de Víctimas de la Bomba Atómica para los supervivientes afectados por la bomba en Japón.**

290. **Hiroshima y Nagasaki son hoy destinos turísticos muy populares.** Muchos visitan los monumentos conmemorativos para rendir respeto a las víctimas de los bombardeos.

291. **El Memorial de la Paz de Hiroshima** incluye la antigua Sala de Promoción Industrial de la Prefectura de Hiroshima, que permanece en pie como un cascarón, tal y como quedó tras el bombardeo de la ciudad.

292. Algunos **hibakusha** supervivientes se convirtieron en activistas de renombre mundial por la paz y la reducción de las armas nucleares.

293. **Cada año se celebran servicios conmemorativos en Hiroshima y Nagasaki** para recordar a los que murieron en los bombardeos.

El Holocausto

El Holocausto fue un periodo de la historia marcado por un inmenso sufrimiento y tragedia. **A partir de 1933, los nazis empezaron a perseguir a la gente** por diversos motivos, principalmente su religión o su raza. **Los judíos fueron el mayor objetivo de los nazis. El Holocausto acabó provocando la muerte de al menos seis millones de judíos europeos y de millones de otras minorías.** Echemos un vistazo a quince datos interesantes sobre esta oscura época de la historia.

294. **Holocausto significa "destrucción" en griego.** La palabra hebrea para el Holocausto es **Shoah**, que significa **"catástrofe"**.

295. **El término "Holocausto" se utilizó por primera vez a mediados de la década de 1950,** cuando la gente empezó a saber más sobre este trágico suceso gracias a los supervivientes y a los documentos nazis.

296. **El Holocausto duró de 1933 a 1945.** La gente, especialmente los judíos, fueron perseguidos por los nazis debido a su religión, raza u otras diferencias.

297. **Alrededor de seis millones de judíos y quizá otros cinco millones, incluidos prisioneros de guerra soviéticos, gitanos, homosexuales y discapacitados, fueron asesinados por los nazis y sus colaboradores.**

298. **Adolf Hitler, el líder de la Alemania nazi, quería crear una población alemana "pura"** sin judíos ni otras minorías.

299. En Europa se construyeron **muchos campos de concentración,** como **Dachau, Buchenwald y Mauthausen.** Los prisioneros se alojaban y trabajaban allí.

300. **Los prisioneros vivían en duras condiciones.** Muchos perecieron a causa de enfermedades, inanición, agotamiento o en las cámaras de gas utilizadas con fines de asesinato en masa.

301. **Adolf Eichmann fue uno de los principales artífices de la organización** de las deportaciones de judíos de varios países europeos a los guetos. También ayudó a organizar el sistema ferroviario que transportaba a los judíos directamente a campos de exterminio como **Auschwitz-Birkenau**.

302. **Muchas personas no judías arriesgaron sus vidas ayudando a los judíos a escapar** de la captura o proporcionándoles alimentos.

303. **Ana Frank escribió un diario autobiográfico mientras se escondía con su familia de los nazis** antes de ser descubierta y enviada a un campo de concentración. **Murió en el campo de Bergen-Belsen** aproximadamente un mes antes de que fuera liberado.

304. **Los médicos de las SS en los campos sometieron a los prisioneros a experimentos inhumanos,** la mayoría de los cuales no tenían ningún valor científico real.

305. **Una vez finalizada la Segunda Guerra Mundial en 1945, los supervivientes empezaron a compartir sus desgarradoras historias** sobre la vida en el interior de estos campos. Sus historias conmocionaron al mundo entero y ayudaron a crear conciencia contra la discriminación racial y religiosa.

306. Se construyeron muchos monumentos conmemorativos en todo el mundo como acto de recuerdo a los que perdieron la vida durante el Holocausto. El más sagrado de ellos se encuentra en **Yad Vashem, Israel**.

307. **Las Naciones Unidas declararon el 27 de enero Día Internacional de la Memoria del Holocausto**. Está dedicado a recordar cada año a las víctimas de esta tragedia en todo el mundo. El 27 de enero es el día en que el campo de exterminio de Auschwitz-Birkenau fue liberado por el Ejército Rojo.

308. **Hoy en día, la educación es vital para asegurarnos de que nunca olvidamos lo que ocurrió durante el Holocausto** para que la historia no se repita.

Campos de concentración para japoneses en los Estados Unidos

Los campos de concentración para japoneses en los Estados Unidos marca un periodo oscuro y difícil de la historia de Estados Unidos. **Más de 120.000 personas de ascendencia** japonesa se vieron obligadas a abandonar sus hogares y vivir en campos especiales creados por el gobierno en contra de su voluntad. Este capítulo examina veinte hechos sobre este acontecimiento, desde sus causas hasta sus consecuencias.

309. **El 19 de febrero de 1942, el presidente Franklin D. Roosevelt emitió la Orden Ejecutiva 9066,** que permitía a los mandos militares designar cualquier zona del país como prohibida para ciertos grupos. Esta orden se utilizó para crear los **campos de concentración para japoneses en los Estados Unidos.**

310. El gobierno estadounidense pensó que **algunos japoneses-americanos e inmigrantes japoneses serían una amenaza para la seguridad nacional durante la Segunda Guerra Mundial,** así que los metieron en estos campos.

311. **La mayoría de los internados eran ciudadanos estadounidenses** o residentes permanentes de California, Oregón, el estado de Washington y Alaska. No todos ellos tenían conexiones con Japón.

312. **Los japoneses-americanos de Hawái no fueron internados.** Las islas estaban aisladas. Y lo que es más importante, la comunidad japonesa-americana de allí era importante para la producción agrícola de la isla.

313. **Los campos de concentración** estaban situados, en su mayoría, en zonas remotas de California, Arizona, Idaho, Utah, Wyoming y Arkansas.

314. **A menudo, las familias sólo tenían una maleta cada una** cuando partían hacia el campo, y muchas perdieron todo lo que poseían porque el gobierno lo vendió en subasta a precios bajísimos mientras estaban fuera.

315. **Muchos estadounidenses no japoneses creían que la concentración era algo bueno.** Otros se mostraron indiferentes. Algunos compraron propiedades de japoneses-americanos y las devolvieron a sus dueños después de la guerra.

316. **Las personas que vivían en los campos de concentración convivían en cuarteles** rodeados de alambradas de espino y guardias armados. Casi no había intimidad ni libertad dentro de los muros del campo.

317. **Los internados tenían algunos derechos,** como la libertad de expresión, pero no se les permitía salir de los campos sin permiso.

318. **Los internos ayudaron a construir carreteras y otras infraestructuras en muchos de estos campos.** Otros trabajaban en granjas o fábricas que se habían instalado dentro de los muros de los campos. Algunos ganaban dinero haciendo este trabajo, pero no todos lo hacían, por lo que las condiciones de vida eran a menudo difíciles.

319. **Los campos tenían escuelas y tiendas** para comprar cosas como revistas, cigarrillos y otros artículos sencillos. Sin embargo, los precios eran más altos de lo que habrían sido fuera de los muros del campo. Se proporcionaba comida, aunque no era del gusto de muchos y a menudo no llegaba en cantidades suficientes.

320. **La gente dentro de los campos** intentó mantener una sensación de normalidad formando clubes, equipos deportivos e incluso periódicos.

321. **Durante la Segunda Guerra Mundial, muchos internados se presentaron voluntarios para el servicio militar** a pesar de que sus familias estaban recluidas en campos de concentración; algunos incluso se convirtieron en héroes de guerra condecorados.

322. **El 100º Batallón de Infantería y el 442º Regimiento estaban formados por japoneses-americanos procedentes de Hawái** y de los campos de concentración. Fueron dos de las unidades de combate más condecoradas de la historia estadounidense.

323. **Algunos japoneses-americanos se convirtieron en traductores durante la guerra en el Pacífico** y desempeñaron un papel especialmente importante hacia el final de la guerra, cuando convencieron a cada vez más japoneses para que se rindieran en lugar de suicidarse.

324. **Muchos internados demostraron un gran valor durante su estancia en los campos** al denunciar el racismo o defender lo que creían correcto, incluso cuando se enfrentaban al peligro o a la discriminación. **Estos actos de valentía inspiraron a las generaciones futuras.**

325. **Hoy en día, los campos de concentración para japoneses en los Estados Unidos se considera un capítulo oscuro de la historia de Estados Unidos.** El gobierno no tenía pruebas reales de que ninguna de estas personas fuera una amenaza para la seguridad nacional, pero aun así se les trató injustamente y se les internó en campos.

326. **Décadas más tarde, el gobierno estadounidense se disculpó por internar a los japoneses-americanos en estos campos de concentración.**

327. **En 1988, el presidente Ronald Reagan** proporcionó pagos o "compensaciones" (dinero) a los que fueron internados en estos campos o a sus descendientes. Esto se conoce como **la Ley de Libertades Civiles.**

328. **Los Campos de concentración para japoneses en los Estados Unidos** es un ejemplo de **discriminación contra las minorías,** algo que sigue ocurriendo hoy en día. Hoy en día, muchos grupos de derechos civiles trabajan para proteger a las comunidades minoritarias de un trato injusto.

Segunda Guerra Mundial
Armas y tecnologías

Este capítulo profundizará en **las fascinantes armas y tecnologías desarrolladas durante la Segunda Guerra Mundial.** Exploraremos diecinueve datos interesantes sobre las nuevas tecnologías empleadas por ambos bandos del conflicto, desde la propulsión de **cohetes** hasta la **detección por radar** y las **bombas atómicas**.

329. **Durante la Segunda Guerra Mundial, la tecnología de los cohetes se utilizó por primera vez en la guerra.**

330. **La bomba volante V-1 (o "bomba zumbadora")** fue un tipo temprano de misil de crucero **desarrollado** durante la **Segunda Guerra Mundial.** No tenía piloto, sino que utilizaba en su lugar sistemas de guía. Estas armas causaban destrucción allí donde aterrizaban.

331. **Las bombas atómicas lanzadas sobre Hiroshima y Nagasaki fueron** las armas más mortíferas jamás creadas en la historia.

332. **El avión de combate alemán Messerschmitt Bf 109** fue el más producido de la Segunda Guerra Mundial. ¡Se construyeron más de treinta y cinco mil!

333. **Los estadounidenses y británicos tenían ametralladoras montadas debajo de los aviones** para derribar a los aviones enemigos que se acercaban desde abajo.

334. **Los paracaidistas eran soldados que saltaban de aviones y se lanzaban en paracaídas a la batalla,** a menudo tras las líneas enemigas, para sorprender a sus adversarios. **La Segunda Guerra Mundial vio el primer uso de estas tropas.**

335. **Los Aliados tuvieron la superioridad aérea durante la mayor parte de la guerra,** lo que significaba que podían bombardear las ciudades alemanas con aviones como **el bombardero B-17 Flying Fortress.**

336. **Los submarinos se utilizaron habitualmente durante la Segunda Guerra Mundial** para transportar suministros y atacar a los barcos enemigos. Buques de superficie y aviones antisubmarinos especializados les daban caza.

337. **SONAR** ("Sound and Navigation Ranging") fue desarrollado por los Aliados durante la Segunda Guerra Mundial para ayudar a cazar submarinos enemigos.

338. **La tecnología del radar** permitió a los ejércitos y a las fuerzas aéreas detectar aviones que se aproximaban a kilómetros de distancia, lo que les dio una ventaja decisiva. **El RADAR** ("Radio Detection and Ranging") fue empleado por primera vez por los aliados, pero poco después lo hizo Alemania.

339. **A diferencia de la Primera Guerra Mundial, los países no utilizaron gas venenoso en el campo de batalla durante la Segunda Guerra Mundial.**

340. **Los tanques se desarrollaron en la Primera Guerra Mundial, pero no alcanzaron todo su potencial hasta la Segunda.** El principal tanque estadounidense se llamó **Sherman** en honor al **general** de la Guerra Civil **William Tecumseh Sherman.**

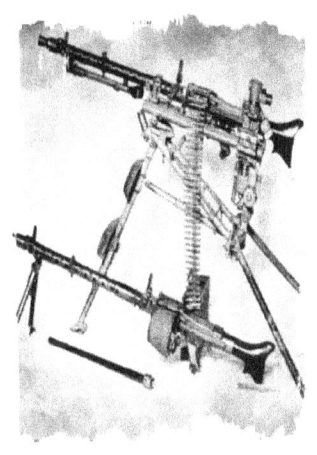

341. **Los lanzallamas portátiles** se desarrollaron durante la Primera Guerra Mundial, pero se utilizaron en tanques y otros vehículos durante la Segunda Guerra Mundial.

342. **La MG-42 alemana fue la mejor ametralladora de la Segunda Guerra Mundial,** y sus descendientes siguen siendo utilizados hoy en día por ejércitos de todo el mundo.

343. **EE. UU., desarrolló una espoleta de proximidad para sus proyectiles de artillería,** que permitía a las tropas fijar la altitud a la que los proyectiles estallarían en el aire. Esto resultaba más mortífero que cuando explotaban tras impactar contra el suelo.

344. **La carga hueca se desarrolló durante la Segunda Guerra Mundial,** lo que permitió a los proyectiles penetrar más fácilmente en los tanques y otros vehículos blindados.

345. **Los ejércitos de todo el mundo desarrollaron nuevos tipos de camuflaje** para ocultar mejor las tropas y el equipo.

346. **La máquina Enigma permitía a los militares alemanes codificar sus mensajes** de forma que sólo las personas con una clave especial pudieran leer lo que decían. Esto dificultó que los descifradores de códigos aliados interceptaran sus comunicaciones, pero los aliados lograron finalmente descifrar el código. **Los avances científicos de la Segunda Guerra Mundial marcaron el comienzo de grandes cambios** e innovaciones en la tecnología militar.

Las mujeres en la Segunda Guerra Mundial

Este capítulo explorará **las increíbles contribuciones de las mujeres durante la Segunda Guerra Mundial.** Descubriremos nueve hechos asombrosos sobre su participación en funciones militares y no bélicas, desde **trabajar como agentes secretas hasta pilotar aviones** para diversas fuerzas aéreas.

347. Durante la Segunda Guerra Mundial, **muchas mujeres sirvieron en el ejército,** trabajando como enfermeras, pilotos, mecánicas, espías y más.

348. Durante la Segunda Guerra Mundial, **algunas mujeres japonesas sirvieron como enfermeras para las tropas de su país.** Unas pocas incluso pilotaron aviones. Sin embargo, la sociedad japonesa de la época limitaba enormemente lo que las mujeres podían y no podían hacer.

349. Alrededor de **cuatrocientas mujeres británicas fueron reclutadas por el Ejecutivo de Operaciones Especiales** durante la Segunda Guerra Mundial, muchas de las cuales se convirtieron en **agentes secretos tras las líneas enemigas.**

350. **La Fuerza Aérea Auxiliar Femenina** (WAAF) se creó en 1939 para ayudar a la Real Fuerza Aérea británica en tareas no relacionadas con el combate, como operadoras de radar o controladoras del tráfico aéreo. Las mujeres estadounidenses se alistaron en el **Cuerpo Femenino del Ejército** (WAC), lo que les permitió servir a su país en diversas tareas no relacionadas con el combate.

351. **Más de quinientas mujeres piloto pilotaron aviones para un programa llamado WASP** (Women Airforce Service Pilots) durante la Segunda Guerra Mundial. Estas mujeres pilotaron aviones desde las fábricas hasta las zonas de escala en las costas, lo que permitió que más hombres volaran en las zonas de guerra.

352. **Más de seis millones de mujeres estadounidenses entraron a formar parte de la población activa durante la Segunda Guerra Mundial** y asumieron trabajos tradicionalmente realizados por hombres. Estos trabajos incluían funciones como electricistas y soldadoras en fábricas que producían suministros para las tropas en el extranjero.

353. **En 1941, el gobierno australiano alistó a más de veintisiete mil mujeres en una fuerza voluntaria exclusivamente femenina conocida como WAAAF** (Women's Auxiliary Australian Air Force), que ayudó a apoyar a los pilotos que volaban en misiones de combate durante la Segunda Guerra Mundial.

354. **La Unión Soviética tuvo uno de los niveles más altos de participación femenina en las fuerzas de combate durante la Segunda Guerra Mundial, con alrededor de 800.000 mujeres rusas en servicio activo en todo momento.** Muchas mujeres soviéticas lucharon en el frente como infantería, francotiradoras, tripulantes de tanques y pilotos.

355. **Decenas de miles de mujeres** de muchos países y territorios aliados **sirvieron como enfermeras durante la guerra.**

Movimientos de resistencia de la Segunda Guerra Mundial

Este capítulo explorará la valiente e inspiradora **historia de los movimientos de resistencia durante la Segunda Guerra Mundial**. Descubriremos once hechos interesantes sobre cómo la gente de toda Europa utilizó la valentía y el ingenio **para sabotear las operaciones enemigas** y **luchar contra** los gobiernos opresores.

356. **Durante la Segunda Guerra Mundial,** muchas personas de todo el mundo **formaron movimientos de resistencia para luchar contra los ocupantes nazis y japoneses** y los gobiernos colaboracionistas.

357. **Los combatientes de la resistencia utilizaron su valor, sus habilidades** y su ingenio para sabotear las operaciones enemigas y ayudar a las fuerzas aliadas a ganar la guerra.

358. **Algunos ejemplos famosos de grupos de resistencia de la Segunda Guerra Mundial** son la Resistencia **francesa,** el Ejército Nacional **polaco**, los partisanos **yugoslavos**, el Ejército Popular de Liberación **griego**, el NSB (Movimiento Nacional Socialista) **holandés** y los Combatientes por la Libertad **daneses.**

359. **En Francia, entre 250.000 y 500.000 personas eran miembros de movimientos de resistencia activos.** Cientos de miles proporcionaron apoyo logístico, como esconder armas o proporcionar comida y refugio a los fugitivos, incluidos los pilotos aliados que habían sido derribados tras las líneas enemigas.

360. **Gran parte de la población noruega estuvo implicada en algún tipo de actividad secreta** de apoyo a las tropas aliadas durante la Segunda Guerra Mundial a ambos lados de la frontera entre Suecia y Noruega.

361. **El grupo Rosa Blanca era una organización estudiantil antinazi con sede en la Universidad de Múnich.** Sus miembros participaron en actos de resistencia no violenta contra el régimen nazi. Casi todos los miembros del grupo pagaron su resistencia con la vida.

362. **El primer grupo oficial de la resistencia estadounidense fue la Oficina de Servicios Estratégicos** (OSS), creada el 13 de junio de 1942 por el **presidente Franklin D. Roosevelt** para recopilar y analizar información estratégica durante la Segunda Guerra Mundial.

363. **En Polonia, el Ejército Nacional** era un gran ejército clandestino formado en 1942 en su mayoría por voluntarios de diferentes orígenes. **Lucharon contra las fuerzas alemanas** durante cinco años, hasta 1945.

364. **Los combatientes de la resistencia judía organizaron varios levantamientos armados por toda Europa,** como en el **gueto de Vilna,** en **Lituania,** y en el **gueto de Varsovia.** Estos valientes hombres y mujeres pusieron sus vidas en peligro mientras luchaban contra soldados nazis fuertemente armados con poco más que armas caseras, como **cócteles molotov y pistolas.**

365. **La mayoría de los hombres, mujeres y niños** que participaron en los levantamientos en los guetos perecieron en los combates o en los campos de concentración.

366. **Durante la Segunda Guerra Mundial, muchas mujeres desempeñaron un papel importante en el movimiento de Resistencia** como espías o mensajeras, entregando mensajes secretos entre diversos pisos francos situados por toda Europa.

El legado de la Segunda Guerra Mundial

Este capítulo explorará el **legado de la Segunda Guerra Mundial,** un acontecimiento que tuvo un profundo impacto en el mundo. Echaremos un vistazo a once datos interesantes sobre sus **devastadores efectos y sobre cómo cambió la dinámica del poder mundial** y propició avances en la tecnología.

367. **En la Segunda Guerra Mundial participaron muchos países** de todo el mundo, sobre todo de Europa y Asia.

368. **Más de setenta millones de personas perdieron la vida** durante la Segunda Guerra Mundial, más que en cualquier otra guerra de la historia.

369. **El final de la Segunda Guerra Mundial marcó un importante cambio en el poder mundial.** Estados Unidos y la Unión Soviética eran los dos países más poderosos del mundo cuando terminó la guerra.

370. **Tras la Segunda Guerra Mundial,** se crearon nuevas organizaciones internacionales, como **las Naciones Unidas (ONU)** y el **Fondo Monetario Internacional (FMI).** Estas organizaciones siguen promoviendo la paz y la estabilidad económica en todo el mundo.

371. **Muchos países diferentes se vieron afectados por la Segunda Guerra Mundial.** Por ejemplo, se redibujaron las fronteras de Polonia. India obtuvo la independencia. Corea se dividió en dos. Y Alemania estuvo dividida en Este y Oeste hasta 1989.

372. **La nación de Israel se fundó en 1948.** Muchos supervivientes del Holocausto ayudaron a establecer el "nuevo" país.

373. **Varios países obtuvieron la independencia después de la Segunda Guerra Mundial,** como India, Filipinas e Indonesia, que anteriormente habían estado bajo dominio británico, estadounidense u holandés, respectivamente.

374. **Muchos refugiados buscaron seguridad fuera de sus países** de origen debido a la agitación política causada por la Segunda Guerra Mundial. Algunas de estas personas permanecieron en sus nuevos países por muchas razones, principalmente por las oportunidades económicas o la represión política en sus países de origen.

375. **Las bombas atómicas pusieron fin a la Segunda Guerra Mundial** y dejaron efectos duraderos en el medio ambiente. La radiación de las bombas causó defectos de nacimiento y altas tasas de cáncer en Japón durante bastante tiempo.

376. Tras la guerra, **la tecnología alemana de reactores** y cohetes condujo directamente a la exploración del espacio.

377. A pesar de que se han librado muchas guerras desde la **Segunda Guerra Mundial,** no ha habido un **conflicto mundial** desde **1945.**

Segunda Guerra Mundial

Formación de las Naciones Unidas
(1 de enero, 1942)

Este capítulo explorará la historia de una de las organizaciones internacionales más influyentes de la Tierra: **las Naciones Unidas.** Echaremos un vistazo a dieciocho hechos interesantes sobre su formación, líderes, objetivos, ¡y mucho más!

378. **Las naciones aliadas de todo el mundo** anunciaron su intención de unirse a unas "**Naciones Unidas**" después de la guerra **el 1 de enero de 1942.**

379. **La Organización de las Naciones Unidas (ONU)** es una organización internacional cuyo objetivo es **promover la paz y la seguridad en todo el mundo.**

380. **En 1945, cuando se creó la ONU,** había cincuenta y un países implicados en la organización.

381. **En 1945, los cincuenta y un países miembros crearon la Carta de las Naciones Unidas,** que describe cómo se tomarían las decisiones utilizando procedimientos de votación basados en el consenso.

382. **La primera sesión de la ONU se celebró el 25 de abril** de ese mismo año, cuando los representantes se reunieron en **San Francisco** para firmar un acuerdo por el que se constituía este nuevo organismo internacional.

383. **El primer secretario general** de las Naciones Unidas fue el político **noruego Trygve Lie** (ofic. 1946-1953).

384. **Las Naciones Unidas adoptaron la Declaración Universal de los Derechos Humanos en 1948,** que establece los derechos básicos que toda persona debe tener independientemente de dónde viva.

385. Cada año, el mundo celebra **el Día Internacional de la Paz el 21 de septiembre.** Esta fecha marca el momento en que los estados miembros se unieron por primera vez para formar la ONU en 1945.

386. **Hoy en día, la ONU cuenta con 193 países miembros** de todo el mundo.

387. **La sede de la ONU se encuentra en Nueva York, EE. UU.,** pero la organización también tiene oficinas en Ginebra, Viena, Nairobi y otros lugares.

388. **Las lenguas oficiales utilizadas por la ONU** son el árabe, el chino mandarín, el inglés, el francés, el ruso y el español.

389. **La ONU se compone de seis partes principales:** la Asamblea General, el Consejo de Seguridad, el Consejo Económico y Social, la Secretaría del Consejo de Administración Fiduciaria y la Corte Internacional de Justicia.

390. **El Consejo de Seguridad de las Naciones Unidas es uno de los seis órganos principales de las Naciones Unidas.** Se encarga de mantener la paz y la seguridad internacionales, aceptar nuevos miembros en las Naciones Unidas y aprobar cualquier cambio en su carta.

391. **El Consejo de Seguridad está compuesto por quince miembros,** cinco de ellos permanentes con derecho a veto **(la República Popular China, Francia, Rusia, el Reino Unido y Estados Unidos)** y diez no permanentes elegidos que ejercen un mandato de dos años.

392. **La ONU también cuenta con numerosas agencias especializadas,** como la **UNESCO** (Organización de las Naciones Unidas para la Educación, la Ciencia y la Cultura), que promueve el entendimiento cultural en todo el mundo.

393. **Cada año, desde 1979, personas de todo el mundo participan en el Día Mundial de la Alimentación el 16 de octubre.** Este día conmemora la fundación de la Organización de las Naciones Unidas para la Agricultura y la Alimentación (FAO), que forma parte de la ONU.

394. **La ONU también trabaja para combatir el cambio climático, acabar con el hambre y proporcionar ayuda humanitaria** cuando se producen catástrofes en todo el mundo.

395. **La bandera oficial de las Naciones Unidas muestra un mapa del mundo con dos ramas de olivo rodeándolo,** simbolizando la paz en nuestro planeta.

Reconstrucción tras la Segunda Guerra Mundial

Tras el final de la Segunda Guerra Mundial en 1945, muchos países se enfrentaron a una tarea monumental: reconstruir sus ciudades y economías. En este capítulo, exploraremos el **periodo de reconstrucción** posterior a la Segunda Guerra Mundial, analizando once datos interesantes sobre cómo los gobiernos y las organizaciones internacionales colaboraron para **ayudar a devolver la estabilidad a Europa** y a otras partes del mundo.

396. **Tras el final de la Segunda Guerra Mundial en 1945, muchos países tuvieron que reconstruir sus ciudades y sus economías.**

397. **La reconstrucción de posguerra se centró en reconstruir las infraestructuras en toda Europa,** como puentes, carreteras y ferrocarriles, conectando de nuevo a las comunidades. Los países también trabajaron para promover el comercio.

398. **Después de la Segunda Guerra Mundial, los diferentes gobiernos se esforzaron** por ofrecer más oportunidades educativas a sus ciudadanos con la esperanza de que condujeran a un futuro mejor y más pacífico.

399. **Las Naciones Unidas se formaron después de la Segunda Guerra Mundial** para ayudar a mantener la paz en todo el mundo y promover el desarrollo económico.

400. **En 1945 se creó la Administración de las Naciones Unidas para el Auxilio y la Rehabilitación (UNRRA)** para ayudar a los refugiados desplazados a causa de la Segunda Guerra Mundial o de la persecución de la Alemania nazi.

401. **La Comunidad Europea del Carbón y del Acero se fundó** en 1952 para contribuir a fomentar la cooperación económica entre los países de Europa Occidental.

402. **El Tratado de Roma (1957) creó la Comunidad Económica Europea (CEE),** que con el tiempo pasó a denominarse Unión Europea (UE). Esta organización se centra en fomentar lazos más estrechos y acuerdos comerciales entre sus estados miembros.

403. En Europa, el Plan Marshall de EE. UU., (llamado así por George Marshall, comandante general de EE. UU., durante la Segunda Guerra Mundial y secretario de Estado después) **proporcionó 13.000 millones de dólares en ayuda financiera de 1948 a 1951 para ayudar a reconstruir** las naciones europeas devastadas por la guerra de la Segunda Guerra Mundial.

404. El Plan Marshall desempeñó otro papel importante: impedir el ascenso del comunismo en Europa Occidental.

405. El puente aéreo de Berlín de 1948 ayudó a llevar suministros como alimentos y combustible a Berlín Occidental cuando quedó bloqueado por las fuerzas soviéticas durante la Guerra Fría.

406. En Japón se adoptó una nueva constitución que incluía principios pacifistas, como la renuncia a la guerra para siempre. Esto supuso un gran cambio respecto a su pasado militarista. **La Constitución japonesa fue redactada por el estado mayor del general estadounidense Douglas MacArthur,** y la mayor parte de ella sigue vigente hoy en día.

Winston Churchill
(1874-1965)

Este capítulo **explorará la vida y el legado de Winston Churchill, el primer ministro** británico más venerado. Echaremos un vistazo a dieciséis hechos sobre su inspirador liderazgo durante la Segunda Guerra Mundial, incluyendo su fuerte alianza con el presidente estadounidense Franklin D. Roosevelt y algunas historias menos conocidas.

407. **Winston Churchill fue el primer ministro del Reino Unido durante la Segunda Guerra Mundial.**

408. **Nació el 30 de noviembre de 1874** en Oxfordshire, Inglaterra.

409. **En 1940, se convirtió en uno de los primeros líderes mundiales en ordenar evacuaciones de ciudades** amenazadas por bombas lanzadas desde aviones, lo que salvó muchas vidas.

410. **Durante sus primeros años como primer ministro,** Gran Bretaña tuvo éxito con su armada, derrotando a los barcos italianos en Cabo Matapán en 1941 y hundiendo el acorazado alemán *Bismarck* en mayo de 1941.

411. **Bajo el liderazgo de Churchill, las tropas británicas** contribuyeron a obtener victorias decisivas sobre Alemania en El Alamein (1942) y en Italia.

412. **En 1941, lanzó inadvertidamente la campaña "V de Victoria",** en la que la gente utilizaba sus dedos para hacer un signo V, mostrando su determinación de ganar la guerra.

413. **Churchill también levantó la moral de las tropas visitándolas** en muchas ocasiones, incluido el día de Navidad en Francia en 1944.

414. **Churchill y el presidente estadounidense Franklin D. Roosevelt se reunieron muchas veces durante la guerra.** De hecho, Churchill se alojó en la Casa Blanca varias semanas durante el conflicto.

415. **Al final de la Segunda Guerra Mundial, Churchill contribuyó a dar forma al mundo de la posguerra con su discurso sobre el Telón de Acero,** en el que advertía contra el expansionismo soviético.

416. **Sólo durante la Segunda Guerra Mundial, Churchill recibió más de doscientas medallas** y órdenes de honor en toda Europa y América, lo que constituyó una hazaña realmente notable.

417. **En 1953, Winston Churchill fue galardonado con el Premio Nobel de Literatura,** en reconocimiento a sus escritos sobre historia, política y estrategia militar en tiempos de guerra.

418. **Churchill perdió el cargo de primer ministro en 1945, pero lo recuperó en 1952.**

419. **Se jubiló en 1955, pero siguió activo en la vida pública hasta los últimos años de su vida.**

420. **Su cortejo fúnebre atrajo a más de un millón de londinenses** y dignatarios de todo el mundo acudieron a rendirle homenaje.

421. **Churchill es recordado hoy como el mejor primer ministro de Gran Bretaña y fue votado como el "mejor británico de todos los tiempos" por el pueblo británico** en una encuesta realizada en 1970. Para ponerlo en perspectiva, la historia británica tiene más de dos mil años.

422. **En 1963, Estados Unidos nombró a Winston Churchill ciudadano honorario del país.** En aquel momento, sólo el Marqués de Lafayette, el francés que ayudó a los colonos durante la Revolución Americana, había recibido ese honor.

Iósif Stalin
(1878-1953)

Este capítulo explorará la vida y la época de **Iósif Stalin, una de las figuras más influyentes de la historia.** Desde su ascenso al poder como **gobernante de la Unión Soviética en 1922 hasta su muerte en 1953,** veremos quince datos interesantes sobre cómo contribuyó a dar forma a la Segunda Guerra Mundial y a sus secuelas.

423. **Iósif Stalin fue el líder de la Unión Soviética desde 1922 hasta su muerte en 1953.**

424. **Durante la Segunda Guerra Mundial, formó alianzas con muchos países** con los que la Unión Soviética había sido hostil anteriormente.

425. **Firmó un pacto de no agresión con la Alemania nazi poco antes de la invasión de Polonia.** Esto dio tiempo a Stalin para preparar las defensas de Rusia mientras ganaba territorio de otros países como Finlandia, el este de Polonia y los estados bálticos en 1939 y 1940.

426. **En 1941, después de que Hitler rompiera el pacto de no agresión de 1939, Stalin le declaró la guerra** y ordenó a las tropas rusas combatir contra las fuerzas alemanas en lo que se conoce como la Gran Guerra Patria.

427. **Stalin trabajó estrechamente con el primer ministro británico Winston Churchill y el presidente estadounidense Franklin D. Roosevelt durante la Segunda Guerra Mundial como parte de los "Tres Grandes".**

428. **La Unión Soviética contaba con uno de los mayores ejércitos de la Segunda Guerra Mundial** (más de doce millones de soldados).

429. **Al principio, Stalin asumió el mando directo de todas las fuerzas soviéticas en la guerra,** pero pronto se dio cuenta de que estaba por encima de sus posibilidades y nombró a generales competentes como Zhukov, Konev y Rokossovsky.

430. **Durante la Segunda Guerra Mundial, supervisó los esfuerzos de producción militar que ayudaron a Rusia a sobrevivir y finalmente a vencer a las fuerzas alemanas.** Algunos dicen que esto fue incluso más importante que luchar en el campo de batalla.

431. **Stalin colaboró estrechamente con los grupos partisanos de los territorios ocupados por los alemanes** que luchaban contra el dominio nazi utilizando tácticas de guerra de guerrillas, como el sabotaje y el asesinato.

432. **Durante la guerra, intentó aumentar el poder de la URSS apoderándose de gran parte de Europa Oriental** mediante la fuerza militar o la diplomacia una vez derrotada la Alemania nazi, un proceso conocido como sovietización.

433. **En 1944, la mayor parte de Europa del Este estaba ocupada por las fuerzas soviéticas.** Estas tierras no volverían a ser libres hasta 1991, cuando cayó la Unión Soviética.

434. **Las fuerzas de Stalin entraron en Berlín en 1945,** marcando el final de la guerra para el teatro europeo.

435. **Stalin se aseguró de que no hubiera rebeliones internas durante la guerra enviando** a los disidentes a campos de prisioneros conocidos como gulags.

436. **Se cree que Stalin fue responsable de la muerte de millones de personas debido a sus brutales tácticas y purgas,** incluidos los asesinados en su país durante la Segunda Guerra Mundial.

437. **Stalin insistió en que muchas de las "repúblicas" soviéticas obtuvieran el estatus de nación individual en la ONU** después de la Segunda Guerra Mundial, lo que le proporcionó más votos.

Franklin D. Roosevelt
(1882-1945)

Este capítulo explorará la notable vida y carrera de **Franklin D. Roosevelt, el trigésimo segundo presidente de Estados Unidos.** Echaremos un vistazo a dieciséis hechos interesantes sobre su presidencia y cómo condujo a Estados Unidos a través de la **Segunda Guerra Mundial.**

438. **Franklin D. Roosevelt** fue el trigésimo segundo presidente de los Estados Unidos, **en el cargo de 1933 a 1945.**

439. **En 1944, se convirtió en el único presidente estadounidense elegido cuatro veces** al ganar su cuarto mandato con su compañero de fórmula Harry S. Truman.

440. **Era demócrata** y dirigió a Estados Unidos durante la mayor parte de la Segunda Guerra Mundial.

441. **Durante la Gran Depresión, Roosevelt** puso en marcha programas como la Seguridad Social y la Administración de Progreso de Obras (WPA).

442. **FDR pidió al Congreso que declarara la guerra a Japón** poco después del ataque a Pearl Harbor.

443. **Roosevelt colaboró estrechamente con el primer ministro británico Winston Churchill** para ayudar a planificar la invasión aliada de la Europa ocupada por los nazis, conocida como Operación Overlord o Día D.

444. **FDR ayudó a redactar la Carta del Atlántico con el primer ministro británico Winston Churchill en 1941** para promover la cooperación mundial y los derechos humanos una vez finalizada la Segunda Guerra Mundial.

445. **En 1941, creó el programa Lend-Lease (La ley de Préstamo y Arriendo),** que permitió a Gran Bretaña y a otras naciones aliadas tomar prestados suministros militares de EE. UU., durante la Segunda Guerra Mundial sin tener que pagarlos por adelantado, a cambio de bases británicas en el hemisferio occidental.

446. **También ayudó a crear una nueva organización internacional llamada Naciones Unidas (ONU)** una vez finalizada la Segunda Guerra Mundial en 1945. La organización busca la cooperación global en los esfuerzos de mantenimiento de la paz en todo el mundo.

447. **FDR ayudó a crear un nuevo sistema financiero mundial después de la Segunda Guerra Mundial, conocido como el Acuerdo de Bretton Woods en 1944, y estableció el Fondo Monetario Internacional (FMI)** y la Organización del Banco Mundial para la estabilidad económica entre las naciones.

448. **FDR pronunció uno de sus famosos discursos, conocido como "Las cuatro libertades", el 6 de enero de 1941,** en el que esbozó cuatro libertades humanas esenciales a las que todo el mundo debería tener derecho: libertad de palabra y de expresión, libertad de culto, libertad frente a la miseria y libertad frente al miedo.

449. **La Primera Dama Eleanor Roosevelt desempeñó un papel importante durante la guerra,** ayudando a recaudar dinero y a sensibilizar a la opinión pública.

450. **FDR fue el primer presidente que viajó en avión durante su mandato e hizo muchos viajes al extranjero durante la Segunda Guerra Mundial** para reunirse con líderes aliados como Winston Churchill, Iósif Stalin, Charles de Gaulle y Chiang Kai-shek.

451. **También asistió a dos cumbres internacionales con Stalin y Churchill durante la Segunda Guerra Mundial,** las famosas Conferencia de Teherán (1943) y **Conferencia de Yalta** (1945).

452. **Murió días antes de que estallara la batalla de Berlín** debido a complicaciones de salud.

453. **Millones de personas en todo el mundo lloraron la pérdida de FDR cuando murió** de un ataque masivo de apoplejía el 12 de abril de 1945.

Benito Mussolini
(1883-1945)

Este capítulo explorará **la vida y el legado de Benito Mussolini**, una de las figuras más notorias de la historia moderna. Echaremos un vistazo a dieciséis hechos interesantes sobre **su ascenso al poder y las ocupaciones de Italia en Etiopía y Albania.**

454. **Benito Mussolini fue un líder italiano que llegó al poder en 1922,** convirtiéndose en el primer gobernante fascista de Europa.

455. **Comenzó como periodista y político socialista** antes de dirigir **Italia como primer ministro desde 1922 hasta su caída en 1943.**

456. **En 1919, creó el Partido Fascista,** que tenía fuertes ideas sobre el control de la vida de los ciudadanos mediante la fuerza gubernamental o las amenazas.

457. **Creía en una dictadura,** lo que significaba que quería todo el poder y la autoridad en una persona o grupo (como él mismo). **Esta persona o grupo dirigiría Italia como un Estado de partido único,** libre de cualquier grupo de oposición o individuo que discrepara.

458. **El apodo de Mussolini era** *Il Duce*, que significa **"El Líder",** y que mucha gente utilizaba cuando se dirigía a él directamente o se refería a él en público.

459. **Antes de la Segunda Guerra Mundial, Mussolini formó organizaciones militarizadas conocidas como "Camisas Negras"** para imponer su voluntad.

460. **Durante su época como primer ministro, se dice que Mussolini fue responsable de la muerte de unas 300.000 personas** debido a los campos de trabajos forzados que creó, las deportaciones o las ejecuciones.

461. **Etiopía pasó a formar parte del África Oriental italiana después de que Mussolini la invadiera y conquistara en 1936. También anexionó Albania en 1940.**

462. **Mussolini fue un estrecho aliado de Hitler,** con quien se reunió personalmente muchas veces antes y durante la guerra.

463. **En 1943, la invasión aliada de Sicilia provocó una revuelta contra Mussolini en el gobierno italiano.** Fue detenido. Fue rescatado en una audaz incursión de comandos alemanes, pero fue apresado de nuevo hacia el final de la guerra.

464. **Italia luchó junto a la Alemania nazi y Japón durante la Segunda Guerra Mundial.**

465. **La amante de Mussolini, Clara Petacci, fue capturada con él.**

466. **Mussolini y su amante fueron ejecutados por un pelotón de fusilamiento el 28 de abril de 1945,** a la edad de sesenta y un años. Su cuerpo fue colgado boca abajo de un gancho para carne para su exhibición pública en el **Piazzale Loreto de Milán,** donde veinticinco antifascistas habían sido fusilados tres años antes.

467. **Mussolini tuvo tres hijos** llamados **Vittorio** (nacido en 1916), **Bruno** (nacido en 1918) y **Romano** (nacido en 1927). Los entrenó para que estuvieran preparados para asumir el poder tras su muerte, pero fue asesinado antes de que pudieran asumirlo.

468. **Lamentablemente, el fascismo sigue vivo en Italia,** aunque en un grado mucho menor que durante la Segunda Guerra Mundial.

469. **Tras el final de la Segunda Guerra Mundial, muchos países adoptaron políticas "antifascistas" que rechazaban los principios del fascismo,** como la dictadura o el control total de la vida de los ciudadanos.

Adolf Hitler
(1889-1945)

Este capítulo explorará la vida y **el legado de uno de los dictadores más notorios de la historia, Adolf Hitler.** Examinaremos dieciséis hechos sobre su ascenso al poder, sus **políticas antisemitas** y **su infame muerte durante la Segunda Guerra Mundial.**

470. **Adolf Hitler nació en Austria en 1889.**

471. **Se convirtió en el líder de Alemania antes de la Segunda Guerra Mundial** y quería expandir el territorio alemán conquistando otros países.

472. **Hitler se convirtió en un dictador que tenía un control total sobre Alemania,** su pueblo y sus políticas gubernamentales.

473. **Hitler se afilió al Partido Obrero Alemán en 1919 y en 1921 se había convertido en su líder.** En 1920, cambió su nombre por el de **Partido Nacionalsocialista Obrero Alemán** (o NSDAP, sus siglas en alemán). **"Nazi"** procede de la pronunciación de **"nacionalsocialista"** en alemán.

474. **Durante su época como canciller de Alemania,** Hitler puso en marcha muchos programas que **mejoraron la industria y las infraestructuras.** Sin embargo, también sembró el miedo entre los ciudadanos, atacando a aquellos que no estaban de acuerdo con él políticamente o a los que consideraba racialmente inferiores.

475. **Hitler escribió un libro titulado** *Mein Kampf* (Mi lucha), en el que exponía sus opiniones sobre la raza y la política. **Se publicó en 1925** y se convirtió en un **éxito de ventas en toda Europa** durante la década de 1930. Sin embargo, más tarde fue prohibido en varios países debido a su contenido antisemita y de odio.

476. **Durante su mandato, implantó leyes antijudías,** que provocaron la persecución de los judíos por toda Europa y más allá durante **el Holocausto.**

477. **El ejército de Hitler invadió muchos países europeos, como Polonia, Francia, Yugoslavia y Grecia, entre 1939 y 1941.** Estos conflictos produjeron resultados devastadores, ya que millones de personas murieron o fueron desplazadas de sus hogares por la guerra y el genocidio.

478. **Se construyeron campos de concentración por toda Europa,** donde los prisioneros eran enviados para trabajar como mano de obra esclava o incluso para ser asesinados por sus creencias o su raza. **Más de seis millones de judíos murieron a causa de las órdenes de Hitler.**

479. **Hitler era famoso por creer en algo llamado *Lebensraum*, que significa "espacio vital".** Quería que los alemanes tuvieran más tierra apoderándose de otros países para acceder a los recursos que necesitaban para sobrevivir económicamente.

480. **Una de las armas más secretas de Hitler durante la guerra fue un nuevo tipo de avión llamado Messerschmitt Me 262,** que podía viajar más rápido que cualquier otro avión de la época.

481. **Hitler adoptó nuevas ideas de guerra,** que dieron lugar a las famosas campañas alemanas de la **"blitzkrieg"** ("guerra relámpago") de 1939/1940.

482. **Ordenó la construcción de enormes fortificaciones conocidas como el Muro del Atlántico** a lo largo de la costa occidental de la Francia ocupada en preparación de una posible invasión aliada. Este muro fracasó en última instancia a la hora de proteger a las fuerzas del Eje de este **ataque** cuando se produjo el **Día D** el 6 de junio de 1944.

483. **Hitler se suicidó el 30 de abril de 1945.** Decidió suicidarse dentro de su búnker bajo Berlín antes que enfrentarse a la captura o a la ejecución en un juicio tras darse cuenta de que su derrota era inminente.

484. **Los juicios de Núremberg (1945-1946)** hicieron rendir cuentas a los responsables de **crímenes contra la humanidad** durante la Segunda Guerra Mundial, incluyendo la condena a muerte o a prisión de los principales ayudantes y seguidores de Hitler.

485. **Hitler es recordado hoy principalmente como un hombre malvado responsable** de muchos crímenes de guerra y atrocidades contra la humanidad durante la Segunda Guerra Mundial, incluyendo **genocidios y violaciones de los derechos humanos** que provocaron la muerte de millones de personas.

Hirohito
(1901-1989)

Este capítulo se sumerge en **la vida y el legado del emperador Hirohito,** que fue el monarca que más tiempo permaneció en el poder en la historia de Japón. **Su reinado abarcó sesenta y tres años** e incluyó algunos de los acontecimientos más significativos de Japón, incluida la Segunda Guerra Mundial. Exploremos quince **datos interesantes sobre el emperador** que se vio obligado a rendirse tras el lanzamiento de **las bombas atómicas** sobre Japón.

486. **Hirohito fue emperador de Japón de 1926 a 1989.**

487. **Nació el 29 de abril de 1901 y murió a la edad de ochenta y siete años el 7 de enero de 1989.**

488. **Su título completo es Emperador Shōwa.** Shōwa significa **"paz iluminada".** El nombre de emperador se otorga a un emperador tras su muerte.

489. **Hirohito era una figura muy importante en la cultura y la religión japonesas;** incluso se creía que era un antepasado de la diosa del sol **Amaterasu.**

490. **Viajó mucho por Japón** durante su reinado, visitando las cuarenta y siete prefecturas al menos una vez.

491. **Antes de la guerra, Hirohito recibió un doctorado honoris causa en la Universidad de Cambridge, en Inglaterra.**

492. **Tras el lanzamiento de las bombas atómicas sobre Hiroshima y Nagasaki, Hirohito anunció la rendición de Japón en una emisión de radio.** Era la primera vez que el ciudadano medio oía hablar a un emperador en la historia de Japón. Su discurso se conoció como **"Soportar lo insoportable".**

493. **El 2 de septiembre de 1945, los oficiales japoneses firmaron la rendición** a bordo del USS Missouri en la bahía de Tokio.

494. Una vez finalizada la Segunda Guerra Mundial, **Hirohito evitó que muchos oficiales militares de alto rango** fueran juzgados como criminales de guerra.

495. Después de la Segunda Guerra Mundial, otros **gobiernos aliados querían juzgar a Hirohito por crímenes de guerra,** pero el gobierno estadounidense, especialmente **el general estadounidense Douglas MacArthur,** que se convirtió en el gobernador militar de Japón, se negó y en su lugar le pidió que ayudara a dirigir una transición pacífica hacia la democracia.

496. Como parte de la ocupación de posguerra por las fuerzas estadounidenses, **Hirohito renunció públicamente a su condición divina en 1946.**

497. **El gobierno de Japón pasó de ser una monarquía a una democracia parlamentaria en 1947** con la nueva constitución redactada por oficiales estadounidenses bajo la supervisión del **general Douglas MacArthur.**

498. Durante la última parte del reinado de Hirohito, **Japón se recuperó de la guerra** y se convirtió en una de las naciones más prósperas de la Tierra.

499. **El emperador Hirohito** amaba la biología marina y era un experto en la materia. En sus últimos años **fue un respetado botánico.**

500. **En 1972, Hirohito realizó la primera visita de Estado japonesa fuera de Asia** cuando visitó los Países Bajos con la reina Juliana a bordo de un crucero de lujo llamado **Kashima** para un viaje de cinco días.

Conclusión

Al llegar a la conclusión de nuestra **exploración de la Segunda Guerra Mundial**, está claro que este periodo de la historia ha dejado una huella indeleble en el mundo. Hemos tratado temas que van desde **la invasión de Polonia hasta Iósif Stalin, Franklin D. Roosevelt** y otras figuras influyentes implicadas en la guerra. Hemos estudiado las armas y tecnologías **utilizadas en la guerra** y los campos de concentración **nazis**, donde tuvieron lugar los verdaderos horrores de la guerra. Vimos cómo las mujeres y los movimientos de resistencia ayudaron en el esfuerzo bélico. Hemos adquirido una visión inestimable de cómo este tumultuoso periodo **dio forma a Europa y Asia** y cambió para siempre la política mundial.

El Holocausto destaca entre todos estos acontecimientos por su enorme escala de crueldad hacia la humanidad. Sin embargo, al mismo tiempo, hay historias de inmenso valor mostradas por aquellos que se alzaron contra la tiranía a pesar de las abrumadoras probabilidades. **Muchos lucharon valientemente en los campos de batalla** incluso cuando sus propias vidas podrían haberse perdido.

Las palabras de **Winston Churchill, "Victoria a toda costa...** Victoria a pesar de todo el terror... Victoria por largo y duro que sea el camino", resuenan a través de la historia, ya que son recordatorios del valor y la resistencia que permitieron a la humanidad superar uno de sus momentos más oscuros. **Recientemente, el presidente ucraniano Volodymyr Zelensky** ha sido comparado con Churchill por haber reunido al pueblo ucraniano en su "hora más oscura" y haber movilizado a **gran parte del mundo contra la agresión de Rusia.**

La Segunda Guerra Mundial fue un periodo de inmensas pérdidas, dolor y destrucción; sin embargo, de estas penurias surgieron historias llenas de valentía y esperanza en un futuro mejor. **Es nuestra responsabilidad recordar** estas lecciones para que nunca se repita lo que ocurrió.

Fuentes y referencias adicionales

1. "Levantamiento de Varsovia (1944)". La Enciclopedia del Holocausto, Museo Conmemorativo del Holocausto de los Estados Unidos, 23 de septiembre de 2015, http://encyclopedia.ushmm.org
2. Hochschild, Adam. "Segunda Guerra Mundial". Enciclopedia Británica, Enciclopedia Británica, Inc., 31 oct. 2019, www.britannica.com/event/World-War-II#ref1039015 .
3. "El Holocausto y la Segunda Guerra Mundial (1933-1945)". Museo Conmemorativo del Holocausto de los Estados Unidos, USHMMorg Educators, www.ushmm.org/educators/.
4. Roberts, Andrew, y Richard Overy eds., La Historia Penguin de la Segunda Guerra Mundial (Londres: Allen Lane/Penguin Books Ltd., 2001), 229-230, 232-233.
5. James Tarrant Jnr., La resistencia noruega a Hitler 1940 - 1945 (Oxford: Oxford University Press Inc., 2008), pp 13-14.
6. "La Batalla de Inglaterra de 1940". Archivos Nacionales, http://www.nationalarchives.gov.uk .
7. Lavery, Brian "La Batalla de Inglaterra: Un punto de inflexión en la Segunda Guerra Mundial". History Today, 2 de septiembre de 2011, http://www.historytoday.com .
8. "Las mujeres y la Batalla de Inglaterra de 1940: El 'sexo débil' también desempeñó un papel vital". Historic UK, 9 de julio de 2019, http://www.historic.uk.com .
9. "Ataque a Pearl Harbor: Resumen y hechos". History, A&E Television Networks, http://www.history.com .
10. Naciones Unidas. "Las Naciones Unidas de un vistazo". Sitio oficial de las Naciones Unidas, http://www.un.org .
11. Organización de las Naciones Unidas para la Agricultura y la Alimentación (FAO). "Día Mundial de la Alimentación" https://www.fao.org.
12. "La batalla de Midway - Historia de la Segunda Guerra Mundial". Museo Nacional de la Segunda Guerra Mundial,
13. "Resumen de la batalla de Midway". Enciclopedia Británica Online Academic Edition. https://www.britannica.com/event/Battle-of-Midway#ref520206 .
14. Harmsen, Peter y van der Vat Dan (2019). El Compañero de la Guerra del Pacífico: De Pearl Harbor a Hiroshima. Kindle Edition.
15. "Campos de concentración para japoneses en los Estados Unidos durante la Segunda Guerra Mundial". National Archives and Records Administration, Administración Nacional de Archivos y Registros, 21 de julio de 2016, https://www.archives.gov/education/lessons/japanese-relocation.
16. " Campos de concentración para japoneses en los Estados Unidos durante la Segunda Guerra Mundial siguen en pie como monumentos a un pasado desacreditado". Revista Smithsonian, 28 de febrero de 2019, https://www.smithsonianmag.com/
17. "La vida en los Campos de concentración para japoneses en los Estados Unidos". KQED Education, 8 de junio de 2017
18. Krieger, Henry W., y Richard F Ardagh Jr. "Contraofensiva de las Ardenas (Batalla de las Ardenas)". Enciclopedia Británica, Enciclopedia Británica, Inc., 19 mar. 2020, www.britannica.com
19. Torpey, Elisabeth. "La batalla de las Ardenas". History.com, A&E Television Networks, 7 de junio de 2018, www.history.com

20. Noticias de la BBC. "Día D: Operación Overlord". BBC, 2 de junio de 2019, http://www.bbc.co.uk.
21. DeVries, Kelly y otros, editores. "La operación Overlord y la batalla de Normandía (1944)". La Enciclopedia Canadiense, Historica Canada, 14 de agosto de 2020, http://www.thecanadianencyclopedia.ca.
22. "Día D: Operación Overlord". Enciclopedia Británica, https://www.britannica.com
23. "Berlín 1945: La fase final de la Segunda Guerra Mundial en Europa". Enciclopedia Británica, https://www.britannica.com/event/Battle-of-Berlin#ref994050
24. "Batalla por Alemania". Museos Imperiales de Guerra, https://www.iwm.org.uk/.
25. "La batalla de Berlín". History, A&E Television Networks, https://www.history.com.
26. "Día de la Victoria en Europa - V-E Day". Historia y cultura, página web de The History Channel, A&E Television Networks LLC., https://www.history.com.
27. "La Conferencia de Potsdam". Enciclopedia Británica, https://www.britannica.com/event/Potsdam-Conference.
28. Martin Gilbert, El Atlas Routledge de la Segunda Guerra Mundial 1939-1945. (Londres: Routledge Taylor y Francis Group 2002), p 195
29. Feldman, Heather Cox Richardson y Robert R swingle eds., El compañero de Oxford a la Segunda Guerra Mundial. (Nueva York: Oxford University Press, 2001), pp 1060-1061.
30. "Bombardeo atómico de Hiroshima y Nagasaki". Museo Conmemorativo del Holocausto de los Estados Unidos, Consejo Conmemorativo del Holocausto de los Estados Unidos, 2019, https://encyclopedia.ushmm.org/.
31. Uchida, Yuki y Kenji Shibuya. "El impacto de la exposición a la radiación tras las bombas de Hiroshima y Nagasaki desde la perspectiva de la salud pública" Asociación Americana para el Avance de la Ciencia (AAAS), 2017,
32. Congreso Judío Mundial, "Historia y cronología del Holocausto", Congreso Judío Mundial, https://www.worldjewishcongress.org/en.
33. "LA SEGUNDA GUERRA MUNDIAL: Tecnología". History, A&E Television Networks, 2018, https://www.history.com
34. Zaloga, Steven J., y Richard Hook. Tanques y vehículos blindados de combate de la Segunda Guerra Mundial. Chartwell Books, Inc., 2004.
35. "Bajas en la Segunda Guerra Mundial". Museo Nacional de la Segunda Guerra Mundial | Nueva Orleans: https://www.nationalww2museum.org/.
36. Mitscherlich, Alexander, et al., eds. Médicos de la infamia: La historia de los crímenes médicos nazis. Schocken Books Incorporated, 1949.
37. Balabkins Nicholas W., Guerra y economía en el Tercer Reich. Rutgers University Press, 1994.
38. Rosenbaum Ron, Auschwitz: La Antología: Fuentes documentales sobre los campos de concentración. McFarland y Company Inc Publishers, 2005.
39. "Auschwitz: El campo de la muerte". Museo Conmemorativo del Holocausto de los Estados Unidos, www.ushmm.org/wlc/en/article.php?ModuleId=10005189.
40. "Mujeres en la Segunda Guerra Mundial". Historia de las mujeres, Servicio de Parques Nacionales, https://www.nps.gov/index.htm

Mira otro libro de la serie